中国古代教育智慧
ZHONGGUOGUDAIJIAOYUZHIHUI

庄子
的教育智慧

刘枫 著

中国商业出版社

图书在版编目（CIP）数据

庄子的教育智慧 / 刘枫著. -- 北京：中国商业出版社，2018.7
ISBN 978-7-5208-0310-6

Ⅰ. ①庄… Ⅱ. ①刘… Ⅲ. ①庄周（约前369-前286）-教育思想-研究 Ⅳ. ① G40-092.26

中国版本图书馆 CIP 数据核字（2018）第 075997 号

责任编辑：王彦

中国商业出版社出版发行
010-63033100　www.c-cbook.com
（100053 北京广安门内报国寺 1 号）
新华书店经销
天津兴湘印务有限公司
﹡﹡﹡﹡﹡
710 毫米 ×1000 毫米　1/16 开　10.75 印张　120 千字
2018 年 8 月第 1 版　2018 年 8 月第 1 次印刷
定价：35.00 元
﹡﹡﹡﹡﹡
（如有印装质量问题可更换）

目　录

第一部分　庄子的教育思想 ⋯⋯⋯⋯⋯⋯⋯⋯⋯⋯⋯ 1
　一、庄子生平简介 ⋯⋯⋯⋯⋯⋯⋯⋯⋯⋯⋯⋯⋯⋯⋯ 3
　二、庄子的教育思想 ⋯⋯⋯⋯⋯⋯⋯⋯⋯⋯⋯⋯⋯⋯ 6

第二部分　《庄子》的教育智慧 ⋯⋯⋯⋯⋯⋯⋯⋯⋯ 17
　一、《庄子》的成书结构 ⋯⋯⋯⋯⋯⋯⋯⋯⋯⋯⋯⋯ 19
　二、《庄子》的教育智慧 ⋯⋯⋯⋯⋯⋯⋯⋯⋯⋯⋯⋯ 23
　三、《庄子》的社会功用 ⋯⋯⋯⋯⋯⋯⋯⋯⋯⋯⋯⋯ 29

第三部分　《庄子》选编 ⋯⋯⋯⋯⋯⋯⋯⋯⋯⋯⋯⋯ 33
　一、逍遥游 ⋯⋯⋯⋯⋯⋯⋯⋯⋯⋯⋯⋯⋯⋯⋯⋯⋯ 35
　　故事：持之以恒的数学家高斯 ⋯⋯⋯⋯⋯⋯⋯⋯⋯ 36
　　故事：燕雀安知鸿鹄之志哉 ⋯⋯⋯⋯⋯⋯⋯⋯⋯⋯ 40
　　故事：成功需要去发现 ⋯⋯⋯⋯⋯⋯⋯⋯⋯⋯⋯⋯ 44
　　故事：善用人的唐太宗 ⋯⋯⋯⋯⋯⋯⋯⋯⋯⋯⋯⋯ 47
　　　　智慧管理 ⋯⋯⋯⋯⋯⋯⋯⋯⋯⋯⋯⋯⋯⋯⋯⋯ 49

二、齐物论 ··· 51
故事：宽容大度的刘伯温 ··················· 53
故事：李白求师 ······························· 58
故事：让人明智的故事 ······················ 64
故事：忘我的故事 ···························· 67

三、养生主 ··· 70
故事：活到老学到老 ························· 71
故事：张大千的出神入化 ··················· 77
故事：对待生命的态度 ······················ 80

四、人间世 ··· 82
故事：石头和砖头 ···························· 84
故事：坚瓠无用 ······························· 87

五、德充符 ··· 89
故事：爱让人变得强大 ······················ 93
故事：凫水与治国 ···························· 96

六、大宗师 ··· 98
故事：小事件透露出大智慧 ················· 100
故事：变通的夫子 ···························· 105
故事：孔子的智慧教学 ······················ 108
故事：伯牙与子期 ···························· 110

七、应帝王 ··· 113
故事：磨坊主与皇帝 ························· 114

故事：路不拾遗，夜不闭户 ……………………… 118
　　　故事：裴子云巧断案 ……………………………… 120
　　　故事：因材施教的孔子 …………………………… 122

八、胠箧 ……………………………………………………… 124
　　　故事：智者荀攸 …………………………………… 126

九、天地 ……………………………………………………… 129
　　　故事：晏子谈治国之患 …………………………… 131

十、天道 ……………………………………………………… 133
　　　故事：仁爱的回报 ………………………………… 135

十一、刻意 ………………………………………………… 136
　　　故事：选择 ………………………………………… 139

十二、秋水 ………………………………………………… 141
　　　故事：超然的武术大师 …………………………… 142
　　　故事：谁最快乐 …………………………………… 145

十三、至乐 ………………………………………………… 147
　　　故事：快乐的真谛 ………………………………… 151
　　　故事：演讲会上的故事 …………………………… 154

十四、山木 ………………………………………………… 158
　　　故事：坚持做自己 ………………………………… 160
　　　故事：诸葛亮的丑妻 ……………………………… 163

第一部分 庄子的教育思想

一、庄子生平简介

庄子（约公元前369年—前286年），名周，字子休，宋国蒙（今河南商丘东北）人，战国时期哲学家、教育家，道家主要代表人物。做过蒙地的漆园吏，与梁惠王、齐宣王同时，不愿做官从政。相传楚威王曾以厚礼聘为楚相，庄子拒绝，后"终身不仕"，表达出他对统治者和当时社会制度的不满和蔑视。庄子是老子学说的继承和发挥者，老、庄均崇奉自然，提倡"无为"，形成老庄学派，但庄子同时转向了相对主义和宿命论，他将老子以"道"为中心的教育思想进一步发展为任性自然，希望解放束缚人们的一切桎梏，追求个人精神解脱的出世主义教育思想。

庄子画像

庄子与孟子都生活于战国中期，而这时正是中国古代社会大发展大变革的时代。当时周天子的权威丧失殆尽，各诸侯国纷纷割地，相继称王称霸。经过激烈争战，形成了秦、齐、楚、魏、赵、韩、燕七个主要大国，还有鲁、宋、越等小国。为了争夺土地，各诸侯国之间的战争也愈演愈烈，动辄出兵数十万，一次战役短则数月，长则可以旷日持久至好几年。战争给广大老百姓的生活带来许多灾难。

战争连年不断，在庄子生活的蒙县也不例外。大约在他十五岁的时候，庄子在蒙县的一个私塾里读书，每天放学后回家时，一路上都

中国古代教育智慧

庄子

能看到荒芜的土地、破败的村庄。由于各国之间战争爆发频繁,再加上执政者的奢侈,农民们有的被抽去当兵,有的被征去服役,村子里剩下的大多是老人、妇女和儿童。本来是农忙的季节,田野里却冷冷清清,偶尔可以在一望无际的田地里看见一位年迈体弱的老人在缓慢吃力地用锄头整理那贫瘠的土地。

  战争给庄子的心灵带来莫大的创伤,他也由此对私塾中所学的东西产生怀疑。先生给他们讲古代的圣贤之人,让他们学习圣人的思想,培养他们圣人的品格。圣人们都是提倡仁义礼智,对人们有爱心,有孝、悌、仁、义、忠、信、贞、廉等高尚品德,因为只有努力使自己成为一个道德高尚的"士",才有可能辅佐君主。现实生活中,那些所谓的士,确是满腹经纶,开口孔丘墨翟,闭口尧舜文武,可当他们当官以后,又有几个不是与那些昏庸残暴的君主们同流合污呢?可见圣人所说的仁义礼智已不再是人们心中高尚的品质,而完全是无耻之人捞取名声和利益的手段。因而,仁义礼智对广大老百姓没有多大好处。

庄子二十多岁的时候，开始远游，曾到过楚、魏、鲁、赵等地，庄子非常喜欢楚越之地。三十多岁的时候，在蒙邑出任漆园吏。但在蒙邑任吏没几年他就辞官回到蒙县。

庄子是一个没落贵族家庭出身的知识分子，忧民感伤，这种性格决定了他只好走隐遁一途。他的生活是贫困的，曾在向监河侯借粮时受到戏弄；还曾靠织草鞋为生。他见魏王时穿着打补丁的粗布衣服、破烂的草鞋。虽然一生贫困，但他乐天知命，安贫乐道，淡泊利禄，并且时不时对统治者进行无情的嘲讽。

他一生朋友不多，门徒也很有限，官场与学界名人中惠施与他交往最深。两个人虽然在人生追求和学术思想上的分歧很大，但两人的友谊却非常深厚。

庄子与战国时代其他思想家一样从事讲学与著作。《庄子》是他给后人留下的极其宝贵的思想文化遗产。

庄子的教育智慧

惠子有话

惠子，即惠施（约公元前370年—前310年），宋国（今河南商丘市）人，战国时政治家、辩客和哲学家，是名家的代表人物。

中国古代教育智慧

解读庄子

傅佩荣国学精品集

上海三联书店

傅佩荣《解读庄子》

傅佩荣，祖籍上海，生于1950年，台湾辅仁大学哲学系毕业，台湾大学哲学研究所硕士，美国耶鲁大学哲学博士，专攻宗教哲学。曾任比利时鲁汶大学客座教授，荷兰莱顿大学讲座教授，台湾大学哲学系主任兼研究所所长，现任台湾大学哲学系、所教授。学术专长：儒家、形而上学、先秦哲学、宗教哲学。

二、庄子的教育思想

庄子是道家的代表人物，他的思想有着极其广博的内容。关于庄子的教育思想，却很少有人涉及。庄子主张"无言之言""不辩之辩""言辩而不及"。他直接表述自己思想的地方很少，大都是通过寓言让人体会，因此他的教育思想有更多的"无言之言"，我们只能通过其言表来揣摩其深意，或由其行而观其思。

（一）师德为表

"鲁有兀者王骀，从之游者，与仲尼相若。常季问于仲尼曰：'王骀，兀者也，从之游者，与夫子中分鲁。立不教，坐不议；虚而往，实而归。固有不言之教，无形而心成者邪？'"（《庄子·德充符》）

鲁国有个被砍掉一只脚的人，名叫王骀，可是跟从他学习的人却跟孔子的门徒一样多。孔子的学生常季向孔子问道："王骀是个被砍去了一只脚的人，跟从他学习的人在鲁国却和先生的弟子相当。他站着不能给人教诲，坐着不能议论大事；弟子们却空怀而来，学满而归。难道确有不用言表的教导，虽身残体秽内心世界也能达到成熟的境界吗？"

庄子在《德充符》讲述这个故事的目的是说明德充于中而符应于有外的道理。庄子说，德有所长而形有所忘。正是因为王骀德充于中,所以残废的外形也于他无损,而"充于中"的"德"则更感染了人们,因此,从之游学的弟子之多不亚于孔子。

当然,庄子在这里所讲的"德"并非"身正为师,德高为范"的道德之"德",而是合乎自然之道的"德"。王骀感动外人的是他内在的精神世界。这里的"德"也是指人内在的精神世界,并且比道德的范围要宽广得多。庄子的"德"具有更多关注自然、关注人类的伟大情怀,这远非狭小的个人修养所能比得上。庄子在《德充符》中讲到了七个残疾人,都是像王骀一样用其充于内的"德"来影响他人。其实,庄子本身也是终生实践着这种做法的,虽然他一生只是自在偏僻处自言,但庄子的博深思想从充实于庄子内心的"德"中渐渐显露出来,影响了一代代后来者。

庄子虽然没有明确提出教育的思想,但从教育的角度研读《庄子》,我们可以感受到庄子的主张,即要用伟大情怀去感染、陶冶学生,给学生以美"德",这比传授给学生学识更重要。

(二)寓教于乐

庄子最为突出的教育思想就是寓教于乐,他不用长篇大论去教育学生,而是将深刻的哲理融入有趣的寓言中,使之更便于理解和吸收。

庄子所处的时代是百家争鸣的时代,除了庄子,其他各家也都在极力宣扬自己的主张,同时也在批评别人的言论。为了尽最大可能使自己的观点被世人认同,庄子独树一帜,别开

《庄子学院》

> **中国的寓言**
>
> 在先秦诸子百家的著作中，经常采用寓言阐明道理，保存了许多当时流行的优秀寓言，如：《攘鸡》《揠苗助长》《自相矛盾》《郑人买履》《守株待兔》《刻舟求剑》《画蛇添足》等，其中《庄子》与《韩非子》收录最多。汉魏以后，在一些作家的创作中，也常常运用寓言讽刺现实。唐代柳宗元就利用寓言形式进行散文创作，他在《三戒》中，以麋、驴、鼠三种动物的故事，讽刺那些恃宠而骄、盲目自大、得意忘形之徒，达到寓意深刻的效果。中国近代作家也用寓言形式创作，特别是儿童文学作品更为多见。

生面地运用自己的想像力，创作了大量生动形象的寓言故事，让人们通过寓言去领悟道理。

寓言的妙处，就在于更生动形象，更具感染力，深入浅出，易于接受。墨子也曾使用寓言，且多是扩大了的比喻，贯穿在与他人的问答和答辩中。墨子运用寓言的目的仅仅是使自己的理论更浅显易懂，寓言只是理论的附庸。而庄子意识到了寓言独有的作用，更注重用寓言本身来说明问题。他以寓言特有的力量来寄托一种思想，使自己的理论以寓言的形式呈现出来，而不是把寓言作为使理论通俗生动的工具。而且，庄子也是大量运用寓言的第一人，据统计，《庄子》一书有两百多则寓言故事。

庄子的寓言，有着无穷的魅力，它寓丰富的道理于生动的形象之中，既使自己的道理得到了阐发，又增添了思想的文采。

"南海之帝为儵，北海之帝为忽，中央之帝为浑沌。儵与忽时相遇于浑沌之地，浑沌待之甚善。儵与忽谋报浑沌之德，曰：'人皆有七窍以视听食息，此独无有，尝试凿之。'日凿一窍，七日而浑沌死。"（《庄子·应帝王》）

南海的帝王叫儵，北海的帝王叫忽，中央的帝王叫浑沌。儵和忽时常在浑沌的地方见面，浑沌款待他们特别好。倏和忽共同商量报答浑饨的美德，说："人们都有七窍用以看、听、吃喝、呼吸，唯独浑沌没有，我们试着给他凿成七窍。"一天凿成一窍，凿到七天浑沌就死了。

庄子用"浑沌"的寓言故事，让人很轻松地就体会到依顺自然的道理。庄子难以言传的"道"，就用这样一个个形象的寓言故事展现出来，并且流传下来。庄子之文，也因此增色添彩。鲁迅先生在《汉文学史纲要》中说："然文词之美富者，实为道家。"又说，"《庄子》大抵寓言，人物土地，皆空言无事实，而其文则汪洋辟阖，仪态万方，晚周诸子之作，莫之能先也。"郭沫若在论及庄子之文时也说："秦汉以来的中国文学史，差不多大半是在它的影响下发展的。"

（三）尊重个性，发展特长

庄子任其本性的思想在其寓言和文风中有突出体现。如果违背事物的本性，哪怕是出于善意，也会将其置于死地。就像倏与忽为浑沌凿窍，凿完窍，浑沌也失去了生命。庄子所讲的道本身就是合乎自然的，所以他的教育思想也有着浓重的自然本性色彩。《马蹄》篇说，违背马本性的做法，其结果是马失去了活力，或成了只知拉车之马。《应帝王》篇中有一段肩吾与楚匡接舆的对话。肩吾说：中始对他说，做人君的凭己意立定法度，宣布施行，哪个敢不听从而为其所化呢？楚匡接舆说：这种

鲁迅

德国汉学家顾彬评价鲁迅：鲁迅的作品无论是哪一部或哪一篇都非常深刻，鲁迅自己提出过不少问题，但很少有人敢面对这些问题，因为他在很多方面确实是极端的。鲁迅绝不仅仅是一位伟大的作家，他同时也是一位伟大的思想家，并且是中国二十世纪最重要的思想家，因为他的思想非常丰富，至今没人能够超过。他不仅对中国二十世纪的发展是一位至关重要的人物，同时也是一位对整个世界都举足轻重的思想家。

> **世界最早的寓言**
>
> 《伊索寓言》是世界上最古老的寓言。在公元前六世纪左右，古代希腊曾广泛流传着几百则短小的寓言故事，它们的作者相传为伊索。伊索原是奴隶，由于才智出众，善讲寓言故事，受到主人的赏识，被解放为自由民。今天的《伊索寓言》是经过后人改写而成的。《伊索寓言》共收集了三四百个小故事，主角大多是拟人化的动物。作者通过描写动物之间和人与动物之间的相互关系，反映出当时的社会生活，表现奴隶、平民反抗压迫的斗争经验和生活教训。有的揭露和批判了统治者和富强者的专横霸道，对贫弱者的苦难处境寄予同情，如《狼和小羊》《狮子与野驴》《狮子与狐狸》《猫和鸡》等；许多作品具有深刻的哲理性，如《农夫和蛇》《狗和公鸡与狐狸》《农夫的儿子们》等；不少故事还长期被后人引用，如著名的《龟兔赛跑》《狐狸和葡萄》等。

以己制物的办法是欺诳之德，用这种办法去治理天下，好比涉海凿河，使蚊虫负山，是同样不能胜任的。《至乐》中，庄子还谈到一个鲁侯养鸟的寓言，说从前有只海鸟落在鲁国之郊，鲁侯把它迎进庙里，献酒给它饮，奏乐给它听，摆上牛羊肉给它吃，可是不到三天，海鸟就死去了。这告诉人们，要以养鸟之道养鸟，不能违反本性。

总结以上言论，可以看出庄子的教育主张是：不要以己教人，要尊重受教育者的个性。只有尊重学生的个性，才谈得上教育，否则其结果只能是培养出一群学习的机器，教育也会南辕北辙，永远达不到真正的目的。因此必须尊重学生的个性，不要抹杀他们的青春活力。不要以自己认为合适的方法教育学生，要按照学生的特点去安排学习的内容和方法。

当然，尊重个性不是放任自流，而是要挖掘长处，扬长避短。《逍遥游》中，惠施对庄子说，魏王送他大瓠之种，长成后，结成了一个大葫芦，但是这个葫芦用来盛水，则立不牢稳，难以胜任；分剖为瓢，则平浅不容多物。因此把它击碎了。而庄子则认为惠子拙于用大。他说：为什么不把它束于腰间，作为腰舟浮游于江湖呢？惠施认为无用的大树，庄子把它树之于无何有之乡、广漠之野，彷徨乎无为其侧，逍遥乎寝卧其下。在庄子看来，所有的事物都有它的用处。倘若按照其个性，把长处挖掘出来，那对其自身发展会有着不可估量的促进作用。

（四）自我修身，孤独至仁

庄子的人生哲学，不是一种救世学说，而是一种拯救人心、寻求个人解脱的学说。在庄子看来，"事之变、命之行"自有其客观必然性，不以个人的意志为转移。庄子不信上帝，不信鬼神，也不寄希望于明主圣王，不相信"英雄创造历史"，他唯一崇拜的就是哲人。哲人，在晚周时代被称为"士"，即知识分子。知识分子手里拿着通向真理殿堂的钥匙，然而它不能决定社会的价值取向。这一点庄子看得很清楚，他不仅看清了自己的时代，而且也看清了身后几千年的时代。所以，庄子未曾赋予"圣人""至人"以重大的历史使命。

"方今之时，仅免刑焉。"（《庄子·人间世》）庄子奢望这种解脱也仅限于从天刑中解脱。他对社会的看法是悲观的，甚至是敌视的。这是对现实的否定，对过去的眷恋，也是对未来的向往和憧憬。庄子认为，自从有亲疏、贵贱、富贫、穷达的差别以来，人性就被扭曲了，所以他眷恋上古时代，向往未来"至仁""至贵""至富""至愿"的大同

《庄子》

《逍遥的庄子》

社会。无论对奴隶主的统治，还是对地主阶级的统治，他都没有一丝一毫的好感。如果说他的思想不自觉地打上了阶级的印记，那也只能是士阶层的关于社会理想的印记。

（五）心物分裂

庄子这样的"士"是地地道道的知识分子，知识是他们唯一固定的资本。春秋战国时期，专门从事精神建筑的士阶层已经彻底从统治阶层分离出来，丧失了对物质财富的所有权。这种分离使得士阶层具有了独立的品格，但也被投进了心物二元分裂的深渊。士阶层有独立的品格，却没有独立的经济基础，以至于不得不依附于物质贵族求生存。他们自视极高，却又不能像君主那样一言定天下，所以又不免有一种失落感。庄子对社会的态度，便是既轻蔑又失望，他的人生哲学所反映的，正是丧失了物质领地而拥有文化的士君子的心态。他的人生哲学的终极目的，也正是士阶层在乱世中如何保持自己的独立人格、求生存的哲学。

"天下有道，圣人成焉；天下无道，圣人生焉。"（《庄子·人间世》）历史的兴衰荣辱不决定于知识分子的存在，圣人可以应运而生。如果生不逢时，不幸遇上"来世不可待，往世不可追"的乱世，就只能求生存。但庄子傲睨权贵，悻直有余而游刃不足，这便决定了他"非遭时"而被当权者冷落，只有去做避世君子。

庄子的入世思想同他寻求个人解脱的人生

哲学是相一致的,这与凭借"士"的身份沽名钓誉之徒不同。的确,庄子对政治心灰意冷,也厌恶官场上的众生相。《庄子·列御寇》载:"或聘于庄子,庄子应其使曰:'子见夫牺牛乎?在以文绣、食以刍叔、及其牵而入于太庙,虽欲为孤犊,其可得乎!'"为统治者做"牺牛"就不如做隐士了。庄子的人生哲学大有益于个人的修养,然其徒有"内圣",而无"外王",是救不了人间世的。其实,隐士也不可能与社会完全隔绝,只要有人烟的地方,就没有所谓的"世外桃源",庄子也不可能离开社会谈纯粹的个人解脱。庄子避世,是避官场,不是避人。《山木》载,庄子曰:"且吾闻诸夫子曰:'入其俗,从其令。'"可见,庄子也并非不食人间烟火。《人间世》云:"法言曰:'无迁令,无劝成,过度益也。'迁令劝成殆事,美成在久,恶成不及改,可不慎与!"这实际上也是一种"从俗"。"乐其俗,安其居。"道家圣人不过身在世俗,游心天地罢了。

《人间世》又云:"天下有大戒二:其一,命也;其一,义也。子之爱亲,命也,不可解于心;臣之事君,义也,无适而非君也,无所逃于天地之间。是之谓大戒。……为人臣子者,固有所不得已。行事之情而忘其身,何暇至于悦生而恶死!"庄子不反对"爱亲"、"事君",但认为应该顺情行事,不受个人喜怒哀乐驱使。从俗是"顺物"的社会表现,正

《道的妙用》

中国古代教育智慧

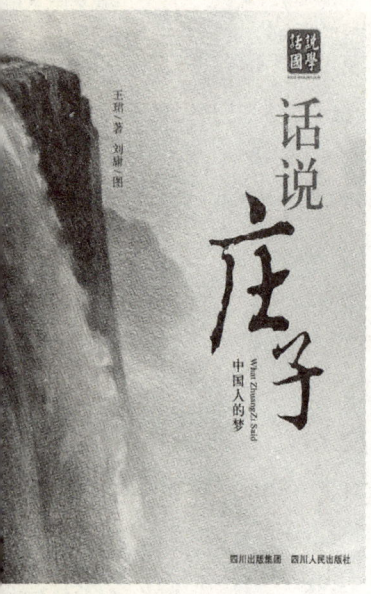

《话说庄子》

像"顺物"是不得已的一样,从俗也是不得已的事。像惠施那样为人臣子,便只好从俗,顺从君臣之义。如果你不愿这么做,那就只有"喻牛辞相",去做一个普通百姓。但无论从俗还是避世,庄周都劝众人不要有所作为。"方今之时,仅免刑焉",在乱世中能求全生,尽天年,已经可以满足。如果你梦想拯救社会,则外受人间刑戮,内受"遁天之刑",永远得不到"悬解"。

而所谓"俗",本身就包含着进化。《应帝王》云:"有虞氏不及泰氏,有虞氏其犹藏仁以要人,亦得人矣,而未始出于非人。"仁、义、知、教、德、商,这些都"俗",把这些俗一一剥去,剩下的便是"天鬻",那也只不过是上古社会的"俗"。齐古今的庄子自己不免厚古薄今,违背了他不遗是非的宗旨。倒是他的血肉之躯,不得不与物俱化,在晚周俗世中做一个从俗的俗人。他也未尝不想脱俗,但真要脱俗,须先超越自我。个人最高意义上的解脱,离不开"使物自喜""无害私"的社会环境,个人这样去做了,影响的只是自家一人,别人偏偏要把他的意志强加给你,你又怎么能逍遥?所以你超越了自己也难以求生。

从庄子的避世、从俗到明正之治,我们可以看出庄子政治学说的深刻矛盾。避世是庄子个人遭际所使然,他自己也未尝过得如鱼那般的"从容自得";从俗是现实所使然,子亲之情、君臣之义直到现在也没打破，庄子当然也不可能打破；明王之治是理想所使然，这个理想直到现在也没实现，庄周当然也无法实现。他相信避世是快乐的，又承认从俗是迫不得已，心里却怀着对人人平等的上古社会的眷恋和对"无害私""使物自喜"的未来社会的憧憬。

《庄子的思想世界》

第二部分 《庄子》的教育智慧

一、《庄子》的成书结构

《庄子》，也称《南华经》，道家主要代表作，庄子及其弟子著。《汉书·艺文志》著录《庄子》五十二篇，此后，《庄子》传本歧出，现存的三十三篇为晋人郭象所编，计内篇七、外篇十五、杂篇十一。晋唐以后流行的《庄子》诸本中，虽有内、外、杂之分，但内、外篇界限不固定，一般认定内篇七篇为庄子著，外、杂篇可能搀杂有他的门人和道家后学的作品。《庄子》历来注解很多，今通行本主要有清代郭庆藩的《庄子集释》、王先谦的《庄子集解》等，近几年通行的还有陈鼓应的《庄子今注今译》。国外也有版本，如日本福永光司的《庄子》、金谷治的《庄子》。

宋代以后的许多学者都认为只有内篇中的七篇才是庄周本人写的，外篇、杂篇大多是庄子弟子或后人写的。苏轼提出《盗跖》《渔父》《让王》《说剑》四篇是伪书。后来几乎所有认为《庄子》中有伪书的人，都同意苏轼的看法。明代的宋濂、朱得之、沈一贯、谭元春等人进一步证明外篇、杂篇不是庄子的著作。清代的王夫之、姚际恒、胡文英等，近代的梁启超、钱玄同、马叙伦等，都分别提出外篇、杂篇不是庄子所作，认为外篇、杂篇中有一部分是庄子门人弟子的记录。

研究《庄子》的教育思想以内篇七篇为

王先谦

王先谦（1842年—1917年），字益吾，号葵园，湖南长沙人，中国著名经学家，人称"葵园先生"。学术成就最大的方面是史学，著作包括《汉书补注》《后汉书集解》《新旧唐书合注》《十朝东华录》《水经注合笺》《荀子集解》《庄子集解》《诗三家义集疏》等。其中最著名的是《汉书补注》和《后汉书集解》。后代史学史专家评论"王氏所作补注、集解诸作，都是校注书中标准的著作。"

中国古代教育智慧

庄周梦蝶

有一天，庄周梦见自己变成了蝴蝶，一只翩翩起舞的蝴蝶。自己非常快乐，悠然自得，不知道自己是庄周。一会儿梦醒了，却是僵卧在床的庄周。不知是庄周做梦变成了蝴蝶呢，还是蝴蝶做梦变成了庄周呢？（《庄子·齐物论》："昔者庄周梦为胡蝶，栩栩然胡蝶也，自喻适志与！不知周也。俄然觉，则蘧蘧然周也。不知周之梦为胡蝶与？胡蝶之梦为周与？周与胡蝶则必有分矣。此之谓物化。"）

主，这是《庄子》全书的精华。内篇的七篇文章是：《逍遥游》《齐物论》《养生主》《人间世》《德充符》《大宗师》《应帝王》，这七篇文章，每一篇都是首尾完整、结构严密的独立文章；但总体来看，七篇文章又互相呼应、互相补充，构成了一个大的整体。更特别的是，这样一部思维严密、内容深刻的著作，主要是以寓言方式写就的。作者将玄妙、抽象的哲理融于有具体形象的故事中去，让读者很容易就理解了他所想表达的思想主题和观点。

内七篇全面阐明了庄子的宇宙观、历史观、人生观、道德论和政治论。它的基本内容是：描绘了宇宙的形成、万物的产生和人的本性，说明人应该怎样看待世界万物，怎样处理人和自然、人和社会以及人与人的关系；主张人应该从事自我修养，恢复淳朴的天性，与自然合为一体，达到"忘我""无己"、绝对自由的境界；要懂得一切事物的差别都是相对的、暂时的，甚至都是虚幻的，因而应该把一切的是与非、大与小、善与恶、美与丑都看成一样的；治理天下，要无为，即不要做太多的干涉，让一切自由发展，要回到远古的蒙昧时代；而这一切，都是为了符合产生一切、主宰一切的"道"，这样，世界万物才能合乎天理，顺乎自然；社会安定，人无是非哀乐的干扰，才能养生长寿。

庄子追求天人合一的理想，这在内篇中均有体现。庄子分别从处世哲学、认识论、养生之道、道德论等方面阐述了如何实现这一理想。《逍遥游》与《齐物论》是《庄子》一书中最有代表性的名篇,可说是《庄子》中光彩夺目的双璧。这两篇文章中所提出的理论,不但是庄子思想体系中最重要的组成部分,而且是我国古代思想史上影响最为深远的哲学观点。

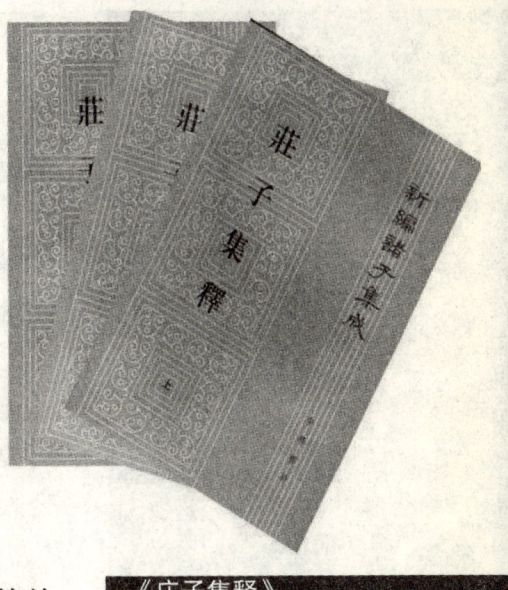

《庄子集释》

第一篇《逍遥游》以意名篇。"逍遥",悠然自得、自由自在、没有拘束的样子。"游",交游,指与人、与事、与自然界的相处往来。庄子认为逍遥是人的理想境界。为了达到这一境界,首先必须做到"无待",即摆脱与外界事物的依赖关系。而做到"无待"的关键又是"无己",就是以内在的精神力量超越外在的条件,乃至形欲与知虑的限制,以实现精神上的绝对自由。其主旨是说一个人应当突破功、名、利、禄、权、势、尊位的束缚,培养人们具有无己、无功、无名、无情的精神境界。

第二篇《齐物论》,论述齐万物的教育内容,达到"天地与我并生,而万物与我为一"的境界。

第三篇《养生主》,提示养生的方法莫过于顺其自然。以疱丁解牛为例,指出教育最好的方法是顺着自然虚隙行中道。

第四篇《人间世》,描述人际关系的纷争纠结,提出"心斋"的修养方法,排除思虑和欲望,保持"心"的虚静。

中国古代教育智慧

陈鼓应《庄子今注今译》

陈鼓应，1935年生，福建省长汀人，1963年获台湾大学哲学研究所哲学硕士学位。1978年后在美国伯克利加利福尼亚大学研究哲学。历任台湾大学哲学系副教授、美国加州大学柏克莱校区研究员、北京大学哲学系客座教授，现任台湾大学哲学系教授。主编《道家文化研究》学刊。著有《悲剧哲学家尼采》《存在主义》《庄子哲学》《老子注释及评介》《黄帝四经今注今译》《老庄新论》《易传与道家思想》《管子四篇诠释》等。

第五篇《德充符》，主旨讲有"德"的人，重视人的内在性，看待万物只见它们完全同一，浑然一体，心神遨游于不辨差别的思想境界。

第六篇《大宗师》，即宗大道为师。忘记形骸的存在，排除耳闻目见的影响，和天地大道融通为一。

第七篇《应帝王》，表达了庄子在政治上的无为主义思想。借寓言人物蒲衣子，道出他所要培养人的超脱心境：任人把自己称为马，任人把自己称为牛。

《庄子》全文汪洋恣肆，想象丰富，多采用寓言形式阐发哲理。在先秦儒、道、墨、法几大学派中，庄子学派是道家的集大成者。《庄子》运用文学形式所表达的哲学系统的复杂和诡论，远胜过其他派别。在文学上，《庄子》的独特风格常为启发后代浪漫主义的思想源泉。在哲学上，则直接激发了魏晋玄学及禅宗的思辩。其中富有教育意义的有关人生哲理的论述，对中华民族文化素质 的形成有深刻影响。

二、《庄子》的教育智慧

《庄子》继承和发展了《老子》的"道法自然"思想,使朴素的自然主义教育思潮走向任性自然、追求个人精神超脱的方向。其主要教育思想可以归结为以下几点。

(一)道顺自然

《庄子》以实现"道"为总的教育目的。但他理解的"道"是不能分割,没有界限的,"道未始有封"(封指范围、界限)。认为理想人物不应该去追求左、右、伦、义、对立、竞争等各种差别,要求对宇宙外的事物根本不去谈论它;对现实生活中的各种差别,如对立和竞争等,也都应保持内心的宁静。《庄子》将这种理想人物,有时称为"圣人""至人""真人",其最高的品德,是只求心灵遨游于德的和谐境地,把万物视为一体,保持不辨差别的思想境界。"天地与我并生而万物与我为一。"以寓言形式描绘所希望的典型人物"泰氏",睡时安闲舒缓,醒时逍遥自适,像是一无所知的样子,任人把自己称为马,任人把自己称为牛,他都不在乎。《庄子》则强调"道"的本质是"天放""自然放任",放肆自乐于自然之中,使人们完全从社会生活中超脱出来。这虽然是一种教育的空想,但《庄子》这种出世的教育思想,并不依托于上天,而是寄托在对虚无缥缈的"道"的追

苏州玄妙观老子像

求上。

（二）入道忘情

《庄子》提出培养无差别境界的理想人物，具体的观点如下。

1. 齐是非、齐善恶、齐美丑

《庄子》认为是与非是相对的，彼有一种是非，此也有一种是非。"道"的核心就是不将彼与此对立，把齐是非观念看作是进入"道"的最高精神境界的枢要。这就要求人们领悟宇宙间的精髓和奥妙，在彼此日常相处中，"不谴是非，以与世俗处。"把是与非混同起来，听其自然并行，均衡发展。《庄子》认为，人们在日常生活中如果对是非不置可否，抱超然、模棱两可的态度，以至随波逐流混淆是非，那么天下的纷争就可以熄灭了。

《庄子》认为，善与恶也是相对的，没有绝对的界限。譬如尧和桀都可以说自己是善的，也都可以说对方是恶的。尧和桀的品行的善恶是因时因人而异的，并没有恒定的"常"。《庄子》比喻说，泉水干了，鱼就一同困在陆地上，用湿气互相嘘吸，用口沫互相湿润，互相救助，倒不如在江湖里彼此相忘。与其赞美尧而非议桀，不如把两者的是是非非都忘掉而融化于大道之中。《庄子》认为，仁义的论点，是非的途径，纷然杂乱，是没有办法加以区别的。人们应该"死生一如"，达到齐善恶、"相忘"的精神境界。

《庄子》认为，美和丑也是相对的，并没

"沉鱼"

毛嫱是春秋时期越国绝色美女，与西施时代相当，相传为越王爱姬。最初人们对她的称道远远超过西施，她应该是"沉鱼"的原始形象，美的化身。《韩非子》有云："故善毛嫱、西施之美，无益吾面，用脂泽粉黛，则倍其初。"《管子·小称》中有曰"毛嫱、西施，天下之美人也。"可见毛嫱一直居西施之前。后毛嫱逐渐不为人知，西施则成为美的象征。

有根本的区别。指出人们习惯于自我中心，实际对万物的价值标准并不一致。毛嫱、丽姬是世人所认为最美的，但是鱼认为不美，见了就深入海底；鸟也认为不美，见了就飞向高空；麋鹿也认为不美，见了就急速飞跑。谁真正知道天下什么最美丽？由此，《庄子》认为世界上没有绝对的美与丑。

《庄子》把是非、善恶和美丑观念完全看作是个人的主观成见，希望把这些统统忘掉而融于大道之中，达到逍遥自得，顺应世俗，随遇而安的境界。这就倒向了相对主义和宿命论。当然，《庄子》承认一切事物都是相对的，可以转化的，是包含着朴素辩证法的。

2. 无己、无功、无名、无情

《庄子》破除自我中心，从天地精神往来的思想境界出发，在培养人的道德品质方面，提出了"至人无己，神人无功，圣人无名"的思想。在《逍遥游》中生动地描述了"无己"的人的精神境界：他肌肤有如冰雪一样洁白，容貌有如处女一般柔美，不吃五谷，吸清风，饮露水；乘着云气，驾御飞龙，遨游于四海之外。他与万物混同为一，丝毫不考虑自己；洪水滔天，不考虑自己会溺毙；大旱熔化金石、枯焦土山，不考虑自己遭受炎热。《庄子》要人们超脱外物的牵挂，既不追求个人的功劳，也不计较个人的名位，达到物我两忘、与万物合而为一的境界。《庄子》更从顺任自然思想出发，要求无情："有人之形，无人之情。"指

现代游戏中的丽姬形象

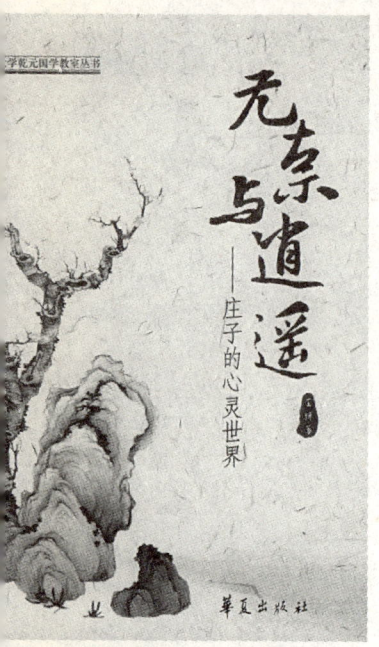

《无奈与逍遥》

对功、名等自己的一切都无动于衷，不以好恶喜怒哀乐的情感劳神焦思以致伤害自己的生命。《庄子》赞叹说：渺小啊！与人同类。伟大啊！和自然同体。

《庄子》主张培养人们无己、无功、无名、无情的精神，虽主张不计较个人的一切，但并不是提倡大公无私，而是看透功、名，不以好恶内伤其身，以达到个人精神上的超脱。

（三）以自然育心性

1. 养生尽年

《庄子》为配合"任自然"的教育目的，在教育方法上非常重视养生。在《养生主》中，他提出了"保身""全生""尽年"的要求。要达到这些要求，不仅贫富、贵贱、利害、得失不要计较，也要远离功名，要无拘无束而去，纯真无知而来。这就是养护生命的道理。所以，养生的方法即顺任自然。

庄子由此提出了"缘督以为经"的方法。督是中虚的意思；经指常道。就是说要顺着自然虚隙，行中道以为常法的意思。以《庖丁解牛》为例，说明宰牛要靠心领神会，顺着牛身上的自然纹理，劈开筋肉的间隙，指向骨节的空虚处。人们的道德修养也要如此，在复杂的盘根错节的人际社会中，注意乘虚，游刃于是非、善恶空虚之处，因其固然，如同不去碰牛的筋骨盘结处一样。能做到这样，可以保养身体，养育亲人，精神可以解脱，尽其天年。

《庄子》在教育人们自我修养中，已意识到

掌握客观规律的思想,这是极其精辟的。他认真细致观察事物,对技术精益求精的精神,在任何时候、任何行业不失其现实意义。

2. 放任自然

《庄子》认为纺织而衣,耕耘而食,是人的正常本性。所以治理天下,就要做到浑然一体而无偏私,"自然放任"。由于圣人出现,急急于求仁,汲汲于为义,天下才开始迷惑。只有任性自然,本性才不至于丧失。《庄子·马蹄》中用讽刺的口吻描写教育之害,十分生动。说本来是吃草饮水、翘足跳跃的马,虽经善管理马的伯乐整治,然再用铁烧它,剪它的毛,削它的蹄,烙上印记,络首绊脚把它拴连起来,编入马槽,马便死去十分之二三了;先有口衔镳缨的祸患,而后有皮鞭竹筴的威胁,马就死去大半了。

这种反对教育束缚人性的思想是可贵的,但由此否认教育在人性发展中的作用则是不科学的。《庄子》从反对叛离真性的教育进而反对学习知识的必要。认为"吾生也有涯,而知也无涯",生命是有限度的,而知识是没有限度的,以有限的生命去追求没有限度的知识,就会弄得很疲困。

《庄子》一方面认为"知"是不能穷究的;另一方面,又把"人知"看成是一种沾染,因而主张人应丢掉这些沾染而回归赤子之心。这就否认了学习理性知识的必要性,使人

八骏图

八骏的命名:
1. 以毛色命名
赤骥:火红色的马,盗骊:纯黑色的马,白义:纯白色的马,逾轮:青紫色的马,山子:灰白色的马,渠黄:鹅黄色的马,华骝:黑鬃黑尾的红马,绿耳:青黄色的马。

2. 以品种命名
蒙古马,哈萨克马,河曲马,云南马,三河马,伊犁马,千里马,汗血宝马。

3. 以速度命名
一名绝地,足不践土;二名翻羽,行越飞禽;三名奔宵,夜行万里;四名超影,逐日而行;五名逾辉,毛色炳耀;六名超光,一形十形;七名腾雾,乘云而奔;八名扶翼,身有肉翅。

中国古代教育智慧

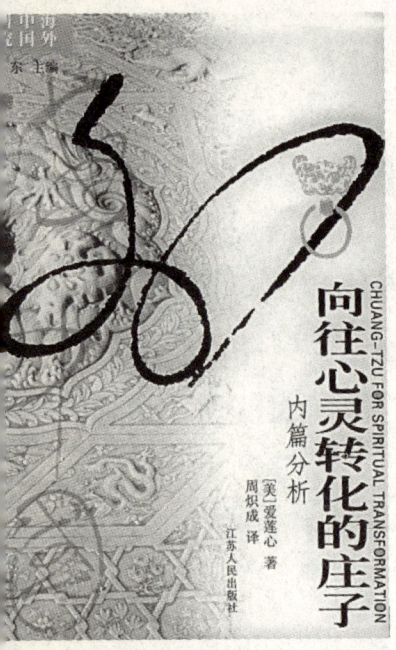

国外研究庄子的著作

们停留在原来的愚昧状态中。

3. 心斋坐忘

《庄子》提倡去除求名斗智的心念，使心境达于空明的境地，于是提出了心斋坐忘的学习方法。"心"，指精神作用；"斋"，斋戒，是指一种排除思虑和欲望的精神状态。指出"唯道集虚"，只有保持"心"的虚静，才能得妙道。"坐忘"要求遗忘自己的形体，抛开自己的聪明。"离形"，消解由生理所激起的贪欲；"去知"消除由心智作用所产生的系累。如此，心灵才能开敞无碍，和天地大道融通为一，这样就达到了"坐忘"的境界。实际上，它是排除思虑和欲望的一种"不动心"的精神状态。这和孟子在学、思、行基础上的"不动心"不同，而是否定学、思、行，不仅排除感性认识，也排除理性认识和人的实践，只保持一颗虚静的心。

《庄子》是朴素的自然主义教育著作。它继承和发展了《老子》中"道法自然"的教育思想，使之更进一步走向自然放任的教育理想。《庄子》的法自然着眼于个人的逸乐，对养生、终其天年的议论多。以"天放"作为教育目的，要求齐是非、齐善恶、齐美丑，反对追逐名利，以保持人的自然本性。值得指出的是，老庄学派崇拜人的自然本性，考虑到人的内在本质精神、心灵等命题，这是朴素的自然主义教育思潮的本质特征，这与儒家为实现王道仁政理想，以"修己以安人"作为人生追求的目的和价值是不同的。

三、《庄子》的社会功用

在中国文化史上影响最大的学派有两个：一是以孔孟为代表的儒家，另一是以老庄为代表的道家。先秦时期，除孔孟、老庄外，管子、荀子、商鞅、韩非、宋钘、尹文、墨子等人都有自己的学说体系，但秦汉以后都日渐衰微。老庄思想反映了荆楚文化的特点，注重天道自然。在中华民族的精神结构中，一般说来，儒家思想构成其现实层面，道家思想构成其超越层面，"儒道互补"构成了中国文化发展的内在张力和基本布局。

庄子是道家集大成的人物，他的著作蕴意深广，文采卓绝，在我国古代的思想史和文学史上都占有重要的地位。但在先秦至两汉的数百年间，其人其书并不显赫。这都是因为庄子及其思想同当时的政治形势格格不入。

汉初崇尚老子之学，在一定程度上吸取了"无为"的思想，以利于贯彻与民休息的政策，恢复被战争破坏的经济。至于庄子要求人类社会倒退到原始蒙昧的状态，根本弃绝政治、不要政府，当然是汉王朝无法接受的。汉武帝以来，儒家逐步确立了它在思想学术界的统治地位，道家和庄子就更是相形见绌了。

魏晋南北朝时期，原来统一的大帝国开始变成南北对峙，战祸频繁，政治形势变幻莫测，王朝不断更替。社会大动荡中，不少士大

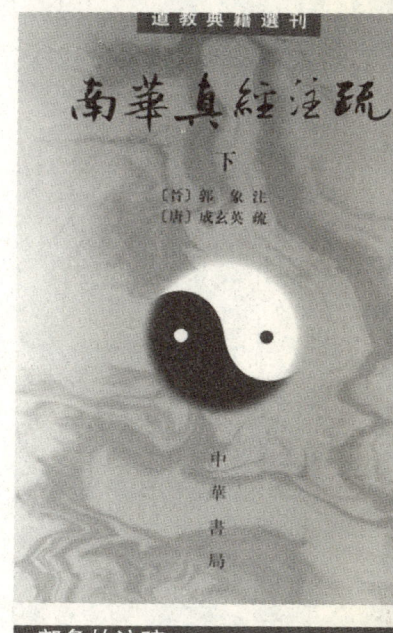

郭象的注疏

郭象（约252年—312年），字子玄，河南洛阳人。中国西晋时玄学家，官至黄门侍郎、太傅主簿。好老庄，善清谈，曾注《庄子》，由向秀注"述而广之"，别成一书，"儒墨之迹见鄙，道家之言遂盛焉"。后向秀注本佚失，仅存郭注，流传至今。

中国古代教育智慧

向秀

向秀（？—约275年），字子期，河内怀县（今河南武陟）人。魏晋竹林七贤之一。与嵇康、吕安等人相善，隐居不仕。喜谈老庄之学，曾注《庄子》，注未成便过世，郭象承其《庄子》余绪，成书《庄子注》三十三篇。另著《思旧赋》《难嵇叔夜养生论》。

夫为逃避政治风险，专事玄妙的"清谈"，道家思想就有了他们的理论依据和精神支柱，道家著作于是备受重视。魏晋时王弼注《庄子》，向秀和郭象等注《庄子》，一时老庄之学盛行，谈玄论道，蔚成风气。东汉末年出现道教，奉老子为教主。到了唐代，皇帝尊老子（一说李耳）为始祖，号太上玄元皇帝，道教势力大盛。唐玄宗时还封庄子为南华真人，尊《庄子》为《南华经》。《南华经》和《道德经》都成为道教的经典。

庄学中所表现的人生态度、庄子的道、庄子的思想和哲学均是中国古代隐士思想的总结和发挥，其内在的精神与气质极容易引起历代隐士、落魄文人甚至失势官僚的认同和共鸣，并成为他们孤寂心灵的慰藉。庄周哲学不能使那些不得志的人得志，不能使不如意的事变得如意，不能解决问题，但能使人具有一种精神境界。对于有这种精神境界的人，这些问题就不成为问题了。它不能解决问题，但能取消问题。庄子学说作为一种对中国社会产生广泛影响并且有重要价值的思想体系，用现代观念和方法重新加以认识和研究，仍具有重要的现实意义。

人类社会经过漫长的发展，创造出了灿烂的物质文明和精神文明，人们享受着越来越丰富的物质文化生活。然而，随着科学技术的发展，人类社会也产生了越来越多的问题。如人类对自然界过度地没有计划地开发利用，已

庄子的教育智慧

造成了人类自身赖以生存的自然环境的严重破坏，人类和大自然正在走上相互抵触的道路。又如由于现代社会人们过于看重金钱和物质利益，无休止地追求物欲的满足和感官的享受，造成社会关系日益紧张和自我身心失衡。这些问题已开始影响和威胁着人类社会进一步的和谐发展，人们也已渐渐认识到这些问题并试图探寻解决问题的途径。庄子的许多思想值得我们去思考并运用。

竹子七贤

竹林七贤是中国魏晋时期七位名士的合称，成名年代较"建安七子"晚一些，大约在魏正始年间（240年—249年），包括：嵇康、阮籍、山涛、向秀、刘伶、王戎及阮咸。七人常聚在当时的山阳县（今河南修武一带）竹林之下，肆意酣畅，故世谓竹林七贤。七人的政治思想和生活态度不同于建安七子，他们大都"弃经典而尚老庄，蔑礼法而崇放达"。七人是当时玄学的代表人物，他们的思想倾向略有不同，其中山涛、王戎好老庄而杂以儒术。

第三部分 《庄子》选编

一、逍遥游

【原文】

且夫水之积也不厚，则其负大舟也无力。覆杯水于坳堂之上①，则芥②为之舟；置杯焉则胶，水浅而舟大也。风之积也不厚，则其负大翼也无力。故九万里，则风斯③在下矣，而后乃今④培风；背负青天而莫之夭阏者⑤，而后乃今将图南。

【注释】

①覆：倾倒。坳（ào）：坑凹处，"坳堂"指厅堂地面上的坑凹处。

②芥：小草。

③斯：则，就。

④而后乃今：意思是这之后方才；以下同此解。培：通作"凭"，凭借。

⑤莫：这里作没有什么力量讲。夭阏（è）：又写作"夭遏"，意思是遏阻、阻拦。"莫之夭阏"即"莫夭阏之"的倒装。

【译文】

如果水积得不深，那么它就没有负起大船的力量。倒一杯水在堂前低洼的地上，一根小草就可以作为船；放上一个杯子就会粘住不动，这是因为水浅而船大的缘故。风积的强度不大，它负荷大鹏也就无力量。所以能飞九万里则是因为大风在它的翅膀下面，然后才凭借

庄子的教育智慧

鹰

中国古代教育智慧

高斯

高斯（1777年—1855年），数学家、物理学家、天文学家、大地测量学家。高斯被认为是最重要的数学家，有数学王子的美誉，并被誉为历史上伟大的数学家之一，和阿基米德、牛顿并列，同享盛名。

风力；背负着青天而无法遏止地飞翔，而后才能飞到南极大海。

【故事】

持之以恒的数学家高斯

高斯是18世纪德国最伟大的数学家之一，他从小就勤奋好学，很早就显示出超人的数学才能。据说有一次，他的父亲正在计算账目，小高斯静静地站在旁边看，当他的父亲自以为算得正确时，小高斯却认真地说："爸爸，您算错了，应该是……"经检查，果真是高斯的答案正确。

高斯七岁那年，父亲送他到附近的学校读书。高斯在班上年龄最小，但却是数学成绩最好的学生，经常受到老师的表扬。

高斯学习既刻苦又勤奋。白天在学校里，除上课时专心听讲之外，他还尽量利用课外时间钻研数学，阅读了很多数学著作；晚上，为了节省灯油，父亲要求小高斯天一黑就上床睡觉，但高斯太喜欢读书了，他把一个大萝卜挖去了心，塞进一块油脂，插上一根灯芯，做了一盏小油灯，然后一个人躲在顶楼上，在微弱的灯光下，专心致志地看书学习，直到深夜才睡。

在上学期间，高斯还写了许多"数学日记"，记录了他在解题时的新发现和巧妙的解法等。有了这些坚实的知识基础，高斯在十七岁时就发现了好几个数学定理,成了很有名的小数学家。

1795年,高斯十八岁,来到著名的哥廷根大学攻读数学。第二年,他成功地解决了一道自希腊数学家欧几里得以来两千多年一直悬而未决的数学大难题,轰动了整个数学界。

有人曾问高斯:"你为什么在数学上能有那么多的发现?"高斯回答说:"假如别人和我一样专心和持久地思考数学真理,他也会作出同样的发现。"由此看来,"专心致志、持之以恒"是高斯成功的秘诀。

据说,由于高斯研究数学过于专心,曾惹了不少"笑话"。一次高斯的妻子病了,而这时高斯正埋头钻研一个数学问题,有人急匆匆地跑来告诉他,夫人的病越来越重了,高斯好像没有听到,仍继续工作。过了一会儿,又有人来告诉他,夫人的病更厉害了,高斯说:"我马上就去!你先去吧!"说完,他仍旧坐在那里,思考他的数学问题。人们见他还没有来,就派了一个胆大的人去通知高斯:"夫人快不行了,如果您不马上去就怕很难见到她生前的最后一面了!"而高斯却慢腾腾地说:"叫她等一下。"

高斯研究数学问题,总是持之以恒。他

哥廷根大学

乔治·奥古斯都·哥廷根大学(Georg-August-University of Goettingen),简称哥廷根大学,位于德国西北部下萨克森州南端的大学城哥廷根市,因英王乔治二世创建而得名。始建于1734年,于1737年向公众开放。同德国的海德堡大学、弗莱堡大学、图宾根大学相似,哥廷根大学属于传统的大学城,是"没有校门和围墙的大学"。哥廷根拥有十分辉煌的历史,名人辈出,蜚声世界。

中国古代教育智慧

水滴石穿

从前有个叫张乖崖的人，在崇阳县担任县令。

一天，他在衙门周围巡行，忽然看见一个小吏慌慌张张地从府库中溜出来。张乖崖喊住小吏，发现他鬓旁头巾上藏着一枚钱。经过追问盘查，小吏搪塞不过，承认是从府库中偷来的。

张乖崖将小吏押回大堂，下令拷打。小吏不服，怒气冲冲地说："一枚钱有什么了不起，你就这样拷打我？你也只能打我，难道还能杀我！"

张乖崖见小吏敢这样顶撞他，就毫不犹豫地拿起朱笔判道："一日一钱，千日千钱；绳锯木断，水滴石穿。"

判决完毕，张乖崖把笔一扔，手提宝剑，亲自斩了小吏。

最反对做事半途而废。高斯在对一些重要的定理进行证明时，都要做出多种解决、证明的办法，并从中发现最简法和最巧妙的证明。他曾说"任何存在疑问的证明都不能算作数学的真正证明。"他一生专心致志、持之以恒地钻研数学，为科学事业的发展做出了卓越的贡献。

【原文】

蜩①与学鸠笑之曰："我决②起而飞，抢榆枋而止③，时则不至而控④于地而已矣，奚以之九万里而南为⑤？"适莽苍者⑥，三餐而反⑦，腹犹果然⑧；适百里者，宿⑨舂粮；适千里者，三月聚粮。之二虫又何知⑩！

【注释】

①蜩（tiáo）：蝉。学鸠：一种小灰雀，这里泛指小鸟。

②决：迅疾的样子。

③抢（qiāng）：突过。榆枋：两种树名。

④控：投下，落下来。

⑤奚以：何以。之：去到。为：句末疑问语气词。

⑥适：往，去到。莽苍：指迷茫看不真切的郊野。

⑦反：返回。

⑧犹：还。果然：饱的样子。

⑨宿：这里指一夜。

⑩知（zhì）：通"智"，智慧。

【译文】

寒蝉和小灰雀讥笑大鹏说："我从地上疾

速飞起,碰着榆树和檀树就停下来,有时飞不上去而落在地上罢了,为什么偏要飞向九万里的高空又往南极大海飞去呢?"到苍茫的郊野去,带上三餐就可以往返,肚子还是饱饱的;到百里之外去,要准备一宿的干粮;到千里之外去,就要准备三个月的粮食。寒蝉和灰雀这两只虫鸟懂得什么呢?

【原文】

小知不及大知,小年不知大年。奚以知其然也?朝菌不知晦朔①,蟪蛄②不知春秋,此小年也。楚之南有冥灵③者,以五百岁为春,五百岁为秋;上古有大椿④者,以八千岁为春,八千岁为秋,此大年也。而彭祖⑤乃今以久特闻,众人匹⑥之,不亦悲乎!

【注释】

①朝:清晨。晦朔:一个月的最后一天和最初一天。一说"晦"指黑夜,"朔"指清晨。

②蟪蛄(huì gū):即寒蝉,春生夏死或夏生秋死。

③冥灵:传说中的大龟,一说树名。

④大椿:传说中的古树名。

⑤彭祖:古代传说中年寿最长的人。乃今:而今。以:凭。特:独。闻:闻名于世。

⑥匹:配,比。

【译文】

小智慧不能了解大智慧,寿命短的不能了解寿命长的。怎么知道是这样呢?朝生暮死的虫子不会知道一个月的时光。春生夏死、夏生

庄子的教育智慧

彭祖

彭祖,一作彭铿,先秦传说中的仙人,被道教奉为仙真,是上古帝王颛顼的孙子(黄帝的第八代孙)。帝尧的时候,他因为进献雉羹,尧把彭城封给他,所以后世称他为彭祖,舜的时候,他师从尹寿子,学得真道,遂隐居武夷山。

中国古代教育智慧

连环画《陈胜吴广》

秋死的寒蝉不会知道一年的时光,这就是"小年"。楚国的南面有一种冥灵树,以五百年为一个春季,以五百年为一个秋季;远古时代有一种大椿树,更以八千年为一个春季,八千年为一个秋季。这就是"大年"。彭祖至今还以长寿著称于世,众人都想与他比附,不也是可悲的吗?

【故事】

燕雀安知鸿鹄之志哉

秦朝阳城(今河南方城县)有一个叫陈胜的人,年轻时曾经跟别人一起受雇给富人家种地。有一天,他放下农活到田埂上休息,对秦王朝肆无忌惮地征调劳役、不断加重对老百姓的压迫和剥削的社会现实愤恨不平,决心摆脱压迫和剥削,改变目前的社会地位。陈胜对他的同伴们说:"假如将来我们中间有谁发迹富贵了,可不能相互忘记啊。"同伴们讥笑他:"受雇给人家种地,怎么能发迹富贵呢?"陈胜长长地叹了一口气道:"燕雀哪里会懂得鸿鹄的凌云壮志呢!"

秦二世(胡亥)元年(公元前209年)七月,陈胜与吴广发动农民起义,建立了中国历史上第一个农民政权。这个政权虽然持续时间不长,但终于推翻了秦朝的严酷统治。

楚国灭亡之后,项氏家族惨遭屠杀,项羽与弟弟项庄随叔父项梁流亡到吴中(今浙江湖州)。年少时项梁曾请人教他书法诗歌,项羽学了没多久便厌倦了；后来项梁又请人教他武艺，没多久项羽又不学了，项梁大怒。项羽说："学文不过能记住姓名，学武不过以一抵百，籍要学便学万人敌！"于是项梁便教授他兵法。但项羽学了一段时间后又不愿意学了，项梁只好顺着他，不再管他。项羽身高八尺，力能扛鼎，气压万夫，年轻时志向便极为远大。一次秦始皇出巡在渡浙江（今钱塘江）时，项羽见其车马仪仗威风凛凛，便脱口而出："彼可取而代之（我可以取代他）。"

秦二世元年（公元前209年），陈胜、吴广在大泽乡振臂一呼，揭竿而起（即大泽乡起义），项羽随叔父项梁在吴中刺杀太守殷通举兵响应，此役项羽独自斩杀殷通的卫兵近百人，第一次展现了他无双的武艺。

庄子的教育智慧

项羽

项籍（前232年—前202年），字羽，下相（今江苏宿迁）人。楚国名将项燕之孙，中国古代起义领袖，著名军事家、战略家，中华史上的战神。曾领导起义军消灭秦军主力，自立为西楚霸王。后来被刘邦打败，突围至乌江（在今安徽和县），自刎而死。宋代女词人李清照有诗赞扬其精神：生当作人杰，死亦为鬼雄。至今思项羽，不肯过江东。

【原文】

惠子①谓庄子曰："魏王贻我大瓠之种，我树之成而实五石，以盛水浆，其坚不能自举也②；剖之以为瓢，则瓠落无所容。非不呺然大也，吾为其无用而掊之③。"

庄子曰："夫子固拙于用大矣。宋人有善为不龟手之药者，世世以洴澼絖为事④。客闻之，请买其方百金。聚族而谋曰：'我世世为洴澼絖，不过数金；今一朝而鬻技百金，请与之。'⑤客得之，以说吴王。越有难，吴王使之将⑥。冬与越人水战，大败越人，裂地而封之。能不龟手一也；或以封，或不免于洴澼絖，则所用之异也⑦。今子有五石之瓠，何不虑以为大樽而浮乎江湖，而

中国古代教育智慧

忧其瓠落无所容？则夫子犹有蓬之心也夫⑧！"

【注释】

①惠子：宋国人，姓惠名施，做过梁惠王的相。惠施本是庄子的朋友，为先秦名家代表，但本篇及之后篇章中涉及惠施与庄子的故事，多为寓言性质，并不真正反映惠施的思想。

②魏王：即梁惠王。贻(yí)：赠送。瓠(hù)：葫芦。树：种植、培育。实：结的葫芦。石(dàn)：容量单位，十斗为一石。

③瓠落：又写作"廓落"，很大很大的样子。呺(xiāo)然：庞大而又中空的样子。为(wèi)：因为。掊(pǒu)：砸破。

④固：实在，确实。龟(jūn)：通作"皲"，皮肤受冻开裂。洴(píng)：浮。澼(pí)：在水中漂洗。絖(kuàng)：丝絮。

⑤方：药方。鬻(yù)：卖，出售。

⑥难：发难，这里指越国对吴国有军事行动。将(jiàng)：统帅部队。

⑦裂：划分出。一：同一，一样的。或：无定代词，这里指有的人。以：凭借，其后省去宾语"不龟手之药"。

⑧虑：考虑。一说通作"摅"，用绳络缀结。樽：本为酒器，这里指形似酒樽，可以拴在身上的一种凫水工具，俗称腰舟。蓬：草名，其状弯曲不直。"有蓬之心"，喻指见识浅薄不能通晓大道理。

【译文】

惠施对庄子说："魏惠王赠送我一个大

葫芦的用途

食用：古人是把葫芦作为瓜果菜蔬食用的，既可烧汤，又可做菜，既能腌制，也能干晒。不论葫芦还是它的叶子，都要在嫩时食用，否则成熟后便失去了食用价值。

药用：葫芦味甘，性平滑无毒，其蔓、须、叶、花、子、壳均可入药，医治多种疾病。可做解毒之药，对各种瘘疮尤为有效；蔓、须可治麻疹；葫芦瓤及子可治牙病，牙龈或肿或露，牙齿松动。又可治面目、四肢肿，小便不通，鼻塞及一切痈疽恶疮；葫芦壳可用于消热解毒，润肺利便。

乐器：在古代，葫芦是制作乐器的重要原材料，其价值不亚于丝、竹。

日用：做水壶或酒壶；盛药，它保存药物比铁盒、陶罐、木箱等更好。另外，葫芦还能制成舟和农具，甚至被制成火器，在战争中使用。也可作为绘画的载体。

庄子的教育智慧

葫芦的种子，我种植它而成长，结出的果实有能容纳五石粮食那样大，用来盛水，可它的坚固程度却不能自胜。把它切开制成瓢，则瓢底大而平浅，不能容纳什么东西。这个葫芦不是不大，而我因为它没有什么用处，便把它砸碎了。"

庄子说："先生，原来你不善于使用大的东西！宋国有善于制作不皲手的药物的人，祖祖辈辈在水中从事漂洗丝絮的劳动。一位客人听到了这件事，请求以百金购买他的药方。宋人把全家集合在一起，商量说：'我家祖祖辈辈从事漂洗丝絮的劳动，所得到的钱很少，现在一旦卖出这个药方就可得到百金，我们把药方卖给他吧。'客人买得药方，用它去游说吴国的国王。一次越国发难侵吴，吴王派这个人统帅大军，在冬天和越军水上作战，大败越军，于是得到割地的封赏。能不皲手的药方只有一个，有的用来博取封赏，有的仍然不能免于在水中漂洗丝絮的劳苦，这就是因为对药方的使用不同。现在你有五石容量的大葫芦，为什么不将它做成腰舟，拴在腰间，借以飘浮在江湖之上，反而愁它大无物可容呢？可见先生的心窍还是被蓬草堵塞了！"

葫芦

> **成功的名言**
>
> 成功＝艰苦的劳动＋正确的方法＋少谈空话。（爱因斯坦）
>
> 我所学到的任何有价值的知识都是由自学中得来的。（达尔文）
>
> 不要在已成的事业中逗留着。（巴斯德）
>
> 不经巨大的困难，不会有伟大的事业。（伏尔泰）
>
> 坚强的信心，能使平凡的人做出惊人的事业。（马尔顿）

【故事】

成功需要去发现

一个寻找成功的人急切地敲打着一扇神秘的门。

门开了，"我找成功"，他急切地问。

"你找错了，我是失败"，门里的人"砰"地一声把门关上。

寻找成功的人只好继续寻找，他趟过很多条河，翻过很多座山，可迟迟找不到成功。后来他想，成功与失败既是一对冤家，那说不定失败知道成功在哪儿。

于是他重新找到失败，失败却说"我也正要找它呢"，说毕又关上了门。这人不死心，又继续敲开了失败的门，可失败留给他的仍是一副冰冷的面孔。

就在这人近乎绝望地在失败门口徘徊的时候，不断的敲门声吵醒了失败的邻居，随着"吱呀"一声轻响，这人回头一看，天啊，这不正是成功吗。

有一位青年，为了躲避债务而流浪他乡。一天，他乘车去某地。火车行驶在一片荒芜人烟的山野中，旅客一个个百无聊赖地望着窗外。在一个拐弯处，火车减速行驶。此时，一座简陋的房子缓缓进入他的视野。与此同时，几乎所有的旅客都睁大眼睛"欣赏"起寂寞旅途中这道独特的风景。有的乘客开始议论这座房子，还有人说这房子简直就是"新大陆"。

这位青年的心为之一动,智慧的火花立即在他脑海燃烧起来。

后来,那位青年不辞劳苦找到那座房子的主人,并千方百计花了三万元钱把它买了下来。他的家人和朋友对他又一次举债十分不解。然而不久,某大公司看中了这个广告载体,在三年的租期内,支付青年人十八万元租金……

失败中孕育着成功,成功更需要细心地发现。

古代鸟纹

【原文】

惠子谓庄子曰:"吾有大树,人谓之樗。其大本臃肿而不中绳墨,其小枝卷曲而不中规矩①,立之涂,匠者不顾。今子之言,大而无用,众所同去也。"

庄子曰:"子独不见狸狌乎?卑身而伏,以候敖者;东西跳梁,不辟高下;中于机辟,死于网罟②。今夫斄牛③,其大若垂天之云。此能为大矣,而不能执鼠。今子有大树,患其无用,何不树之于无何有之乡④,广漠之野,彷徨乎无为其侧⑤,逍遥乎寝卧其下?不夭斤斧⑥,物无害者,无所可用,安所困苦哉!"

【注释】

①樗(chū):一种高大的落叶乔木,但木质粗劣不可用。大本:树干粗大。臃肿,这里形容树干弯曲、疙里疙瘩。中(zhòng):符合。绳墨:木工用以求直的墨线。规矩:即圆规和角尺。

②狸(lí):野猫。狌(shēng):黄鼠狼。卑:

低。敖：通"遨"，遨游。跳梁：跳踉，跳跃、窜越的意思。辟：避开；机辟：捕兽的机关陷阱。罔：网。罟(gǔ)：网的总称。

③斄(lí)牛：牦牛。

④无何有之乡：指什么也没有生长的地方。

⑤莫：大。彷徨：徘徊，纵放。无为：无所事事。

⑥夭：夭折。斤：伐木之斧。

【译文】

惠施对庄子说："我有一棵大树，人们把它叫樗。这棵大树的树干长着凹凸不平的大疙瘩，无法打上墨线，它的小枝又都弯弯曲曲，不合乎木匠的规矩，生长在道路上，木匠连看也不看它一眼。现在你说的那些言论，都是大而无用的，所以大家都弃你而去。"

庄子说："先生你没看那野猫和黄鼠狼吗？它把身子伏在地上，以等候那些来来往往的小动物。东西跳跃，不避高低，踏中机关，死于网罟。现今的牦牛，它的庞大的身驱像挂在天上的云彩，这头牛能力很大，然而不能捕鼠。现在先生有这棵大树，却忧虑它没有用处，为什么不把它栽到什么也没有的地方，以及那无边无际的旷野，然后来往徘徊在它的旁边，自由自在地躺在它的下面，使它遭不到斧头的砍伐而夭折，也没有什么东西来侵害它。它没有什么用处，又哪里会有什么困苦呢！"

惠施的忠告

《韩非子·说林上》记载说，惠施的友人田需一度受到魏王的器重和宠用，惠施于是告诫他说："你一定要很好地对待魏王身边的人。比如那杨树，横着栽下能生存，倒着栽下能生存，折断栽下它也能生存。但是如果十个人栽它而一个人拔它，那它就难以生存了。十个人栽这一易生之物，却抵不过一个人的破坏，原因就在于栽起来困难，而拔除它很容易。你今天虽然能使自己受器重于君王，但如果想要除掉你的人多了，你必定就很危险。"

【故事】

善用人的唐太宗

历史上，君主用人是否得当，直接关系到治理封建国家的成效。唐太宗李世民之所以能取得"贞观之治"的政绩，是和他善于用人分不开的。

唐太宗即位时，面临的是社会动乱、百废待兴的局面。他清醒地认识到，"致安之本，在于得人""用善人则国治，用恶人则国乱"。因此，他选拔官吏，能够比较严格地坚持以才选人、以贤任人的原则。贞观时期的许多重要官员中，有原秦王府（唐太宗即位前封秦王）的旧属，也有从下层破格提拔上来的百姓；有隋朝的旧臣和敌方的降将，也有曾追随太子李建成反对过唐太宗的人。这说明，唐太宗不论他们是何出身，有何经历，都能够据贤量才加以任用。

例如，官至中书令的马周，曾因家贫寄居在中郎将常何家，他替常何写了二十多条很有见地的政见上书朝廷，唐太宗看后非常赞赏，立即召见马周，委以要职。隋朝旧臣裴矩，虽然跟着隋炀帝干过一些坏事，但该人颇有才能，唐太宗扬其所长，仍然让他继续作官，使裴矩在贞观时期发挥了积极作用。大臣魏徵从前是太子李建成的心腹，在李建成同李世民谋夺皇位的生死争斗中，魏徵曾为李建成献策要及早杀掉李世民。然而，知人善任的唐太宗发

唐太宗

唐太宗诗：
《赐萧瑀》
疾风知劲草，
板荡识诚臣。
勇夫安识义，
智者必怀仁。

魏徵的胆识

玄武门之变后，有人向秦王李世民告发，东宫有个官员，名叫魏徵，曾经参加过李密和窦建德的起义军，李密和窦建德失败之后，魏徵到了长安，在太子建成手下干过事，还曾经劝说建成杀害秦王。秦王听了，立刻派人把魏徵找来。

魏徵见了秦王，秦王板起脸问他："你为什么在我们兄弟中挑拨离间？"

左右的大臣听秦王这样发问，以为是要算魏徵的老账，都替魏徵捏了一把汗。但魏徵却神态自若，不慌不忙地回答："可惜那时候太子没听我的话，要不然，也不会发生这样的事了。"

秦王听了，觉得魏徵说话直爽，很有胆识，不但没责怪魏徵，反而和颜悦色地说："这已经是过去的事，就不用再提了。"

现魏徵耿直忠诚，又有出色的政治才干，不仅不计前嫌，反而非常信任倚重他，和他"上下同心"，关系"有同鱼水"。

唐太宗在用人上还有一个可贵之处——"拔人物不私于党"，就是说不搞裙带关系。有些长期跟随他出生入死、患难与共的原秦王府旧属，一直没有得到升迁，因而表示不满。对此，唐太宗严肃批评道，用人的标准在于是否称职，怎么能以关系的亲疏远近而论呢？由于唐太宗坚持选贤任能的用人标准，贞观时期涌现出一批治国治军有方的杰出将相，在朝廷中形成了一个相当有能力的统治集团。这对唐初恢复和发展社会经济，稳定和巩固封建统治起了重要作用。

唐太宗为了维护自己的统治，基本上做到了唯才是用、唯贤是举。他坚持"苟或不才，虽亲不用"的原则，并且具有"如其有才，虽仇不弃"的胸怀，这在当时的社会条件下确实是难能可贵的。在漫长的中国封建社会里，虽然不乏善于用人的皇帝，但他们和唐太宗李世民的心胸是没法相比的。

智慧管理

美国加利福尼亚大学的学者做了这样一个实验：把六只猴子分别关在三间空房子里，每间两只。房子里分别放着一定数量的食物，但放的位置高度不一样。第一间房子的食物就放在地上，第二间房子的食物分别从易到难悬挂在不同高度的适当位置，第三间房子的食物悬挂在房顶。数日后，他们发现第一间房子的猴子一死一伤，伤的缺了耳朵断了腿，奄奄一息。第三间房子的猴子也死了，只有第二间房子的猴子活的好好的。

究其原因，第一间房子的两只猴子一进房间就看到了地上的食物，于是，为了争夺唾手可得的食物而大动干戈，结果伤的伤，死的死。第三间房子的猴子虽做了努力，但因食物太高，难度过大，够不着，被活活饿死了。只有第二间房子的两只猴子先是各自凭着自己的本能蹦跳取食，最后，随着悬挂食物高度的增加，难度增大，两只猴子只有协作才能取得食物，于是，一只猴子托起另一只猴子取食。这样，每天都能取得够吃的食物，很好地活了下来。

世界上只有混乱的管理，绝没有无用的人才。一个优秀的管理者首先必须善于识别不同的人才，把它们放到一个合适的岗位，这样才能做到人尽其才，各尽所能，并且形成一个稳定的人才结构。

尽管量才适用是一个众所周知的用人原则，但是反其道而行之的现象在现实中总是随处可

韦陀像

中国古代教育智慧

人尽其才

相传在很久以前，弥勒佛和韦陀并不在同一个庙里，而是分别掌管不同的庙。

弥勒佛热情快乐，所以来的人非常多，但他什么都不在乎，丢三落四，没有好好地管理账务，所以依然入不敷出。而韦陀虽然管账是一把好手，但成天阴着个脸，太过严肃，搞得人越来越少，最后香火断绝。佛祖在查香火的时候发现了这个问题，就将他们俩放在同一个庙里，由弥勒佛负责公关，笑迎八方客，于是香火大旺。而韦陀铁面无私，锱珠必较，则让他负责财务，严格把关。在两人的分工合作中，庙里呈现出一派欣欣向荣景象。

见。美国一位大学校长研究过曾经在美国非常成功，但传到第二代却失败的七十五家公司，结果发现，症结都出在用人上。这些公司有不少勤勤恳恳在公司历史上做出过重要贡献的创业元勋，但随着时间的推移，这些因有功而位居要职的人，已不具备管理现代企业的能力，不适合继续留在重要管理岗位，而第二代的经营者却碍于情面，不便辞退他们，最终导致效益滑坡，管理失控，企业倒闭。在我国的国有企业之中，排资论辈的现象十分普遍，结果大量优秀人才"跳槽"和"下海"的现象时有发生；民营企业为回报创业的功臣，以高职位来回报"创业元老"比比皆是，让很多的年轻人感觉到"英雄无用武之地"；一些家族式企业从老总到部门经理清一色的家族成员或是裙带关系，毫不留情地将一些优秀的人才挡在门外，企业却大声疾呼"人才匮乏"。这些企业的错误在于，一方面，他们在选择人员的时候只是凭着自己的好恶，根本不考虑工作岗位的具体要求和人员的特点。但另一方面他们往往又缺乏足够的勇气来对表现优异者和表现不良者进行区分，也不采取积极的行动挑战一些不良的传统势力。

"实力胜于资历"。如果想要企业得到更大的发展，你必须做到"是只猴子就给他一棵树抱着，是只老虎就给他一座山守着，是只蛟龙就给他一条江河去翻腾"。否则，你的企业永远都只能是原地踏步甚至被市场所淘汰！

二、齐物论

【原文】

大知闲闲,小知间间①;大言炎炎,小言詹詹②。其寐也魂交,其觉也形开,与接为构,日以心斗③。缦者,窖者,密者,小恐惴惴,大恐缦缦④。其发若机栝,其司是非之谓也;其留如诅盟,其守胜之谓也⑤;其杀若秋冬,以言其日消也;其溺之所为之,不可使复之也⑥;其厌也如缄,以言其老洫也;近死之心,莫使复阳也⑦。喜怒哀乐,虑叹变熟,姚佚启态;乐出虚,蒸成菌⑧。日夜相代乎前,而莫知其所萌。已乎,已乎⑨!旦暮得此,其所由以生乎⑩!

【注释】

①闲闲:广博而闲逸的样子。间间:明察细别的样子。

②炎炎:猛烈,这里借猛火炎燎之势,比喻与话时气焰盛人。詹詹:言语琐细,说个没完。

③寐:睡眠。魂交:心灵驰躁,神魂交接。觉:睡醒。形开:身形开朗,目开意悟。一说形体不宁。接:接触,这里指与外界环境接触。构:交合的意思。

④缦(màn):通作"慢",疏怠迟缓的意思。窖:深沉,用心不可捉摸。密:隐秘、谨严。惴惴(zhuì):恐惧不安的样子。缦缦(màn):神

情沮丧的样子

⑤机：弩机，弩上的发射部位。栝（guā）：箭杆末端扣弦部位。司：主。"司是非"犹言主宰是非，意思是"是"与"非"都由此产生。一说"司"通"伺"，窥伺人之是非的意思。留：守住，指留存内心，与上句的"发"相对应。诅盟：誓约，结盟时的誓言，坚守不渝。

⑥杀：肃杀，衰败。溺：沉湎。"之"，疑讲作"于"。

⑦厌（yā）：通"压"，闭塞的意思。缄：绳索，这里是用绳索加以束缚的意思。洫（xù）：败坏。复阳：复生，恢复生机。

⑧变：反复。慹（shè）：通"慴"，恐惧的意思。姚：轻浮躁动。佚（yì）：奢华放纵。启：这里指放纵情欲而不知收敛。态：这里是故作姿态的意思。虚：中空的情态，用管状乐器中空的特点代指乐器本身。蒸成菌：在暑热潮湿的条件下蒸腾而生各种菌类。

⑨相代：相互对应地更换与替代。已：止，算了。

⑩旦暮：昼夜，这里表示时间很短。此：指上述对立、对应的各种情态形成发生的道理，犹如乐出于虚，菌出于气，一切都形成于"虚"、"无"。由：从，自。所由：产生的原由。

【译文】

才智超群的人广博豁达，只有点儿小聪明的人则乐于细察、斤斤计较；合于大道的言论就像猛火烈焰一样气焰凌人，拘于智巧的言论则琐细无方、没完没了。他们睡时也心神交错烦乱，他们醒时也形体不得安宁。与社会接触构合纠葛，整天勾心斗角。有的疏怠迟缓，有的高深莫测，有的辞慎语谨。对小的恐惧提心吊胆，对大的恐惧垂头丧气。他们的心计一发就像箭一样疾速，他们的心计探察不发是为了称是避非；他们停止发言犹如盟誓，为了以守取胜；他们衰败好似秋风冬寒的景象，这是说他们一天天在消弱；他们沉溺在所作所为的活动之中，再无法使他们恢复原状；他们隐藏心灵不言不语，说明他们老而枯竭败坏；接近死亡的心灵，再也不能使它恢复生机。高兴、愤怒、悲哀、欢乐、忧虑、叹息、变态、恐惧、轻浮、安逸、放荡、骄淫；像乐声从空虚的乐器中产生出来，又像菌类从地上的蒸气中产生出来一样。交互更替在眼前，而不知道它们是怎样萌发出来的。算了吧，算了吧！一旦懂得了这些情态发生的道理，也就懂得了它们所以发生的根由了！

【故事】

宽容大度的刘伯温

刘伯温自幼聪颖异常，他的老师曾对他的父亲说："你祖德深厚，日后这个孩子必成大器。"元至顺年间，刘伯温考中进士，授为高安丞，获得廉洁正直的名声。行省要提拔他，刘伯温谢绝离去。

刘伯温的诗

此城御驾尽亲征，
一院山河永乐平。
秃顶人来文墨苑，
英雄一半尽还乡。
北方胡房残生命，
御驾亲征得太平。
失算功臣不敢谏，
旧灵遮掩主惊魂。
国压瑞云七载长，
胡人不敢害贤良。
相送金龙复故旧，
灵明日月振边疆。

中国古代教育智慧

刘伯温

刘伯温(1311年—1375年),名刘基,字伯温,生于浙江处州青田(今浙江温州文成县)。自幼聪颖异常,天赋极高,对儒家经典、诸子百家之书,都非常熟悉,尤其对天文、地理、兵法、术数之类更是潜心研究,颇有心得。记忆力非常好,读书一目十行,过目成诵。而且文笔精彩,所写文章非同凡俗。西蜀名士赵天泽在品评江左人物时,将刘伯温列为第一,将他与诸葛孔明相比。

刘伯温博通经史,无书不读,尤其精于天文。朱元璋攻下金华,闻知刘伯温的才学,不惜钱财想把他招在自己门下。起初,刘伯温坚决不答应,后经总制孙炎两次写信邀请,刘伯温才决定出山。刘伯温到了应天,向朱元璋献呈时务十八策。而后刘伯温凭其才学和神机妙算辅佐朱元璋平定天下,开创了大明王朝。朱元璋即位后,刘伯温上奏制定军卫法,整肃纲纪,凡有过错的宿卫、宦官等,一律依法惩治,因此人人畏惧刘伯温。中书省都事李彬因贪图私利,纵容手下而被治罪。丞相李善长一向私宠李彬,故请求从轻发落,刘伯温不听,在祈雨时,将李彬杀死,从此刘伯温和李善长开始有隙。后来,太祖因事要责罚丞相李善长,刘伯温劝说道:"他虽有过,但功劳很大,威望颇高,能调和诸将。"太祖说:"他三番五次想要加害于你,你还设身处地为他着想?我想改任你为丞相。"刘伯温叩首道:"这怎么能行呢?更换丞相如同更换梁柱,必须用粗壮结实的大木,如用细木,房屋立即就会倒塌。"

刘伯温相貌堂堂,慷慨而有大节。每当谈论天下大事时便声形于色。太祖知道他非常忠诚,故对他委以重任。每次召见刘伯温,都要避开他人进入内室,单独与他长时间密谈。刘伯温也是知无不言。每到紧急危难的关头,他总是勇气奋发,计策立定,人莫能测。闲暇之时,便敷陈为王之道。而太祖每次都是洗耳恭听,常常称刘伯温为老先生,并说:"你就是我的张子房啊。"又说:"老先生多次以孔子之言来劝导我。"

刘伯温性情刚烈,疾恶如仇,隐居山中后,只是饮酒下棋,从不提自己的功劳。

【原文】

非彼无我,非我无所取①。是亦近矣,而不知其所为使,若有真宰,而特不得其眹②。可行已信,而不见其形,有情而无形。

百骸、九窍、六藏,赅而存焉,吾谁与为亲③?汝皆说之乎?其有私焉④?如是皆有为臣妾乎?其臣妾不足以相治乎?其递相为君臣乎?其有真君存焉⑤?如求得其情⑥与不得,无益损乎其真。

一受其成形,不亡以待尽⑦。与物相刃相靡,其行尽如驰,而莫之能止,不亦悲乎⑧!终身役役而不见其成功,苶然疲役而不知其所归,可不哀邪⑨!人谓之不死,奚益?其形化,其心与之然,可不谓大哀乎?人之生也,固若是芒乎?其我独芒,而人亦有不芒者乎!

【注释】

①"彼"就字面上讲指"我"的对立面,也可以理解为非我的大自然,甚至包括上述各种情态。取:呈现。

②近:彼此接近;引申一步,像前两句话(非彼无我,非我无所取)那样的认识和处理,就接近于事物的本质,接近于认识事物的真理。所为使:为……所驱使。宰:主宰。

刘伯温赠友人诗

清晨绝长江,
日夕次海滨。
北风吹旆旌,
军功速若神。
令严戎马间,
九陌无惊尘。
伐鼓震溟哗,
扬帆役鲛人。
鲸鳞京观筑,
鳄鱼华筵新。
喈喈布谷鸣,
祁祁农交春。
去子还故乡,
悲喜集里隣。
荷插启比砾,
再荷天地仁。
抚绥属有望,
世世为尧民。

(刘基赠太学同知高则明)

"真宰",犹如今日言"造世主",但也可理解为真我,即我身的主宰。特:但,只。朕(zhěn):端倪,征兆。

③情:真,指事实上的存在。骸:骨节。九窍:人体上九个可以向外张开的孔穴,指双眼、双耳、双鼻孔、口、生殖器、肛门。藏:内脏,心、肺、肝、脾、肾俗称五脏,赅:齐备。谁与:与谁。

④说(yuè):喜悦。私:偏私,偏爱。

⑤真君:对"我"来说,"真君"即"真我""真心",对待社会的各种情态说,"真君"就是"真宰"。

⑥情:究竟,真实情况。

⑦亡:亦作"忘",忘记。一说"亡"为"代"字之讹,变化的意思。尽:耗竭、消亡。

⑧刃:刀口,这里喻指针锋相对的对立面。靡:倒下,这里是顺应的意思。驰:迅疾奔跑。

⑨役役:相当于"役于役"。意思是为役使之物所役使。一说劳苦不休的样子。苶(nié)然:疲倦困顿的样子。疲役:犹言疲于役,为役使所疲顿。

⑩芒:通"茫",迷昧无知。成心:业已形成的偏执之见。代:更改,变化。"知代"意思是懂得变化更替的道理。取:资证、取信的意思。

【译文】

没有客体的彼,就没有主体的我;没有主体的我,客体的彼也就无法体现。这样主体与客体也就近似统一了,然而不知道它受谁支配。好似有个真我,但是却看不见它的迹象。可以从它的行为中得到信息,却看不到它的形体,它是真实可信的,却没有具体的形象。

酒仙、诗仙

一百个骨节,九个孔穴,六个内脏,都兼备地存在我的身上,我和哪个最亲近呢?你都喜欢它们呢,还是有所偏爱呢?如此不是都把它们当成臣妾了吗?它们是臣妾就不能相互支配吗?还是让他们轮流做君臣呢?难道果然另有真君存在吗?即使求得真君的真实情况与否,对它的本真是无所益损的。

人一旦禀受成形体,就认为躯体是常驻不变的而等待最后的耗尽。和外物相接触,既有相互矛盾之时,也有切中事理之时,他的心行追逐外物像奔驰一样不能止步,这不是很可悲的吗?一辈子劳劳禄禄而看不见他的成功,精神不振,疲于劳役,而不知道他的归宿,这不是很可悲的吗?这样的人虽然不死,又有什么益处呢?他的形体在不断地变得衰老,他的思想又随着形体的变化而消失,这能不叫作最大的悲哀吗?人生在世,本来就是如此的愚昧

中国古代教育智慧

李白塑像

李白（701年—762年），字太白，号青莲居士，有"诗仙"之称，唐代伟大的浪漫主义诗人。他善于从民歌、神话中汲取营养素材，构成其诗歌特有的瑰丽绚烂的色彩，成就了屈原以来积极浪漫主义诗歌的新高峰，与杜甫并称"大李杜"，韩愈云："李杜文章在，光焰万丈长。"（《调张籍》）

吗？难道只是我愚昧无知，而别人也有不愚昧无知的吗？

【故事】

李白求师

李白晚年，政治上很不得志，他怀着愁闷的心情往返于宣城、南陵、歙县（在安徽省）、采石等地，写诗饮酒，漫游名山大川。

一天清晨，李白像往日一样，在歙县城街头的一家酒店买酒，忽听隔壁的柴草行里有人在问话："老人家，你这么一大把年纪，怎么能挑这么多柴草，你家住哪儿？"

回答的是一阵爽朗的大笑声。接着，便听见有人在高声吟诗：

"负薪朝出卖，沽酒日西归。

借问家何处？穿云入翠微！"

李白听了，不觉一惊。这是谁？竟随口吟出这样动人的诗句！他问酒保，酒保告诉他：这是一位叫许宣平的老翁，他恨透了官府，看穿了世俗，隐居深山，但谁也不知道他住在哪座山里。最近，他常到这一带来游历，每天天一亮，就见他挑柴进镇，柴担上挂着花瓢和曲竹杖。卖掉柴就打酒喝，喝醉了就吟诗，一路走一路吟，过路的人还以为他是疯子哩。

李白暗想：这不是和自己一样的"诗狂"吗？他马上转身出门，只见那老翁上了街头的小桥，虽然看上去步履艰难，但李白怎么赶也赶不上。

追上小桥,穿过竹林,绕过江汉,李白累得气喘吁吁,腰酸腿痛,定神一看,老翁早已无影无踪了。李白顿足长叹,"莫不是我真的遇上了仙人!"

他撩起袍子又赶了一程,还是不见老翁,只好失望地回来。

那天夜里,李白怎么也睡不着,回想起自己大半辈子除了杜甫之外,还没结识到几个真正的诗友。没想到今天竟遇上这样一个诗仙,可不能错过机会,一定要找到他!

第二天,李白在柴草行门口一直等到日落西山,也不见老翁踪迹。

第三天,第四天,天天落空。

第五天一早,李白背起酒壶,带着干粮上路了。他下了最大的决心,找不到老翁,就是死也要死在这儿的山林里。

整整一个多月,还是没见老翁的影子。李白有点泄气了。他回想起少年时碰到的那位用铁杵磨针的婆婆,婆婆说得好:"只要有决心,铁杵磨成针。"李白心想:要想找到老翁,就看自己有没有毅力啦。

这天黄昏,李白拖着疲惫的身子,一瘸一拐地来到黄山附近的紫阳山下。转过山口,只见前面立着一块巨石,上面似乎还刻着字。李白忘记了疲劳,一头扑上去,仔细辨认起来,哦,原来是一首诗:

"隐居三十载,筑室南山巅。

静夜玩明月,闲朝饮碧泉。

太白行吟图

中国古代教育智慧

杜甫写李白诗

李白斗酒诗百篇，
长安市上酒家眠。
天子呼来不上船，
自称臣是酒中仙。

樵夫歌垄上，谷鸟戏岩前。
乐矣不知老，都忘甲子年。"

连读三遍，李白失声叫道："妙哉！妙哉！真是仙人之声哪！"心想：见到老翁，一定得拜他三拜，好好请教请教。虽说自己也做了几十年的诗，但这散发着野花香味的诗还真是头回领略哩。

他回转身，看见崖石边的平地上摊着一堆稻谷，看来，准是许宣平老翁晒的。李白索性往边上一蹲，一边欣赏山中的景致，一边等老翁来收谷。

天黑了，李白忽听到山下传来阵阵击水声，循声望去，只见山下的小河对岸划来一只小船，一位须发飘飘的老人立在船头弄桨。李白上前询问道："老人家，请问，许宣平老翁家在何处？"

原来这老人正是李白要找的许宣平老翁，上次他见李白身穿御赐锦袍，以为又是官家派来找他去做官的，所以再也不愿去歙县城了。没料到，此人竟跟踪而来。老人瞟了李白一眼，随手指指山峦，漫不经心地答道："门口一杆竹，便是许翁家！"

李白抬眼望了望郁郁葱葱的山峦，又问："处处皆青竹，何处去找寻？"

老人重新打量着这位风尘仆仆、满脸汗水的客人，反问道："你是……"

"我是李白。"说着，深深地一揖。

老人愣住了："你是李白？李白就是你？"

李白连忙说明了自己的来意。

老人一听，双手一拱："哎呀，你是当今的诗仙！我算什么，不过是诗海里的一滴水罢了。你这大海怎么来向一滴水求教，实在不敢当，不敢当！"说完，撑起船就要往回走。

李白一把拉住老翁的衣袖，苦苦哀求道："老人家，三个月了，我风风雨雨到处找你，好不容易见到了老师，难道就这样打发我回去不成！"

安徽歙县

李白真挚的话语打动了老人。两人对视了好久，老人拉住李白，跳上了小船。

从此，无论在漫天的朝霞里，还是在落日的余辉中，人们经常看到李白和这位老人坐在溪水边的大青石上饮酒吟诗。那朗朗的笑声和飞瀑的喧哗声汇成一片，随溪水一起送到百里千里之外……

【原文】

古之人，其知有所至矣。恶乎至？有以为未始有物者，至矣，尽矣，不可以加矣。其次，以为有物矣，而未始有封①也。其次，以为有封焉，而未始有是非也。是非之彰也，道之所以亏也。道之所以亏，爱之所以成，果且有成与亏乎哉？果且无成与亏乎哉？有成与

中国古代教育智慧

李白诗意图

亏,故昭氏之鼓琴也;无成与亏,故昭氏②之不鼓琴也。昭文之鼓琴也,师旷③之枝策也,惠子之据梧也④,三子之知,几⑤乎皆其盛者也,故载之末年⑥。唯其好之也,以异于彼,其好之也,欲以明之。彼非所明而明之,故以坚白之昧终⑦。而其子又以文之纶终,终身无成⑧。若是而可谓成乎?虽我无成,亦可谓成矣。若是而不可谓成乎?物与我无成也。是故滑疑⑨之耀,圣人之所图⑩也,为是不用而寓诸庸,此之谓以明。

【注释】

①封:疆界,界线。

②昭氏:即昭文,以善于弹琴著称。庄子认为,音本是一个整体,没有高低长短之分就无法演奏,任何高明的琴师都不可能同时并奏各种各样的声音。正因为分出音的高低长短才能在琴弦上演奏出来。

③师旷:晋平公时的著名乐师。枝策:用作动词,用枝或策叩击拍节,犹如今天的打拍子。一说举杖击节。

④惠子:惠施,古代名家学派的著名人物。据:依。梧:树名。惠施善辩,"据梧"意思就是靠着桐树高谈阔论。一说"梧"当讲作桐木几案,"据梧"则是靠着几案的意思。

⑤几:尽,意思是达到了顶点。

⑥载:记载;一说载誉。末年:晚年。

⑦好（hào）：喜好。"好之"意思是各自喜好自己的专长和学识。明：明白、表露。坚白：指石的颜色白而质地坚，但"白"和"坚"都独立于"石"之外。公孙龙子曾有"坚白论"之说，庄子是极不赞成的。昧：迷昧。

⑧其子：指昭文之子。一说指惠施之子。纶：绪，这里指继承昭文的事业。

⑨滑疑：纷乱的样子，这里指各种迷乱人心的辩说。

⑩图：亦写作"鄙"，疑为"鄙"字之误，瞧不起，摒弃的意思。

【译文】

古时候的人，人们的认识有最高境界。什么是最高境界？人们认为宇宙未曾形成万物的初始时刻，认识是最高的、尽美尽善的，再不能增加什么认识了。次一等的人则认为宇宙开始有了万物时，万物之间是没有分别界限的。再次一等的人认为有了分别的界限，但未曾有是非之别。是非观念明显了，道的观念也就因此而亏损了。道的观念之所以亏损，是因偏私观念的形成。果真有所谓成就和亏损呢？果真还是没有成就和亏损呢？有成功和亏损，犹如昭文的弹琴；没有成功和亏损，犹如昭文不弹琴。昭文弹琴，师旷指挥，惠施依靠梧桐树的辩论，这三位先生的认识和才智接近最高峰了，所以载誉晚年。正因为他

师旷

师旷，名旷，字子野，战国时期晋国人，大约生活在公元前572—前532年，晋悼公、晋平公执政时期。师旷生而无目，故自称盲臣，又称瞑臣。为晋大夫，亦称晋野。是当时著名的大音乐家，以"师旷之聪"闻名于后世。他还是位杰出政治活动家和博古通今的学者，时人称其"多闻"。其音乐知识非常丰富，熟悉琴曲，善用琴声表现自然界的音响，听力超群，有很强的辨音能力。

中国古代教育智慧

什么是婚姻？

有一天，柏拉图问苏格拉底："什么是婚姻？"

苏格拉底说："我请你穿越这片树林，去砍一棵最粗最结实的树回来好放在屋子里做圣诞树，但是有个规则：你不能走回头路，而且你只能砍一次。"

于是柏拉图去做了。许久之后，他带了一棵并不算最高大粗壮却也不算赖的树回来了。

苏格拉底问他："怎么只砍了这样一棵树回来呀？"

柏拉图说："当我穿越树林的时候，看到过几棵非常好的树，但是我总担心那不是最好的，所以我就只是一直往前走，但是时间过得很快，一下子就很晚了，我又害怕错过了砍树的机会空手而归，所以在路程快要结束的时候就选了一棵，尽管它并不是我碰见的最棒的一棵。"

这时，苏格拉底意味深长地说："这就是婚姻。"

们各有所好，而炫异于别人，他们各以所好去让别人领悟，用不是别人所非了解不可的东西而硬让别人去了解，因此以坚白论的糊涂观念而终身。然而昭文的儿子继续昭文的事业，而终生无所成就。如果说这就是所谓成就，那么像我这样虽然没有成就也算有成就了。如果说这不可以称为成就，那么天下的事物和我都不能算是有成就。所以，那些迷乱世人的炫耀的言论，圣人是一定摒弃的。所以圣人不用这种言论，而是把认识寄寓于各物自身的功分上，这就叫作心地如镜地反映事物。

【故事】

让人明智的故事

宽容

一只小猪、一只绵羊和一头乳牛，被关在同一个畜栏里。有一次，牧人捉住小猪，它大声号叫，猛烈地抗拒。绵羊和乳牛讨厌它的号叫，便说："他常常捉我们，我们并不大呼小叫。"小猪听了回答道："捉你们和捉我完全是两回事，他捉你们，只是要你们的毛和乳汁，但是捉住我，却是要我的命呢！"

靠自己

小蜗牛问妈妈："为什么我们从生下来，就要背负这个又硬又重的壳呢？"

妈妈："因为我们的身体没有骨骼的支撑，只能爬，又爬不快。所以要这个壳的保护！"

小蜗牛："毛虫姊姊没有骨头，也爬不快，为什么她却不用背这个又硬又重的壳呢？"

妈妈："因为毛虫姊姊能变成蝴蝶，天空会保护她啊。"

小蜗牛："可是蚯蚓弟弟也没骨头爬不快，也不会变成蝴蝶他什么不背这个又硬又重的壳呢？"

妈妈："因为蚯蚓弟弟会钻土，大地会保护他啊。"

小蜗牛哭了起来："我们好可怜，天空不保护，大地也不保护。"

蜗牛妈妈安慰他："所以我们有壳啊！"

鲨鱼与鱼

曾有人做过实验，将一条最凶猛的鲨鱼和一群热带鱼放在同一个池子，然后用强化玻璃隔开，最初，鲨鱼每天不断冲撞那块看不到的玻璃，奈何这只是徒劳，它始终不能过到对面去，而实验人员每天都有放一些鲫鱼在池子里，所以鲨鱼也没缺少猎物，只是它仍想到对面去，想尝试那美丽的滋味，每天仍是不断地冲撞那块玻璃。它试了每个角落，每次都是用尽全力，但每次也总是弄得伤痕累累，有好几次都浑身破裂出血，持续了好一些日子，每当玻璃一出现裂痕，实验人员马上加上一块更厚的玻璃。

后来，鲨鱼不再冲撞那块玻璃了，对那

庄子的教育智慧

关于明智的名言

一个人的快乐，不是因为他拥有的多，而是因为他计较的少。（佚名）

生气，就是拿别人的过错来惩罚自己。原谅别人，就是善待自己。（佚名）

未必钱多乐便多，财多累己招烦恼。清贫乐道真自在，无牵无挂乐逍遥。（佚名）

处事不必求功，无过便是功。为人不必感德，无怨便是德。（佚名）

些斑斓的热带鱼也不再在意，好像他们只是墙上会动的壁画，它开始等着每天固定会出现的鲫鱼，然后用他敏捷的本能进行狩猎，好像回到海中不可一世的凶狠霸气，但这一切只不过是假像罢了。实验到了最后的阶段，实验人员将玻璃取走，但鲨鱼却没有反应，每天仍是在固定的区域游着。它不但对那些热带鱼视若无睹，甚至于当那些鲫鱼逃到那边去，他就立刻放弃追逐，说什么也不愿再过去，实验结束了，实验人员讥笑它是海里最懦弱的鱼。

【原文】

昔者庄周梦为蝴蝶，栩栩①然蝴蝶也，自喻适志与②！不知周也。俄然③觉，则蘧蘧④然周也。不知周之梦为蝴蝶与，蝴蝶之梦为周与？周与蝴蝶，则必有分矣。此之谓"物化"。

【注释】

①栩（xǔ）栩然：欣然自得的样子。

②喻：通"愉"，愉快。适志：合乎心意，心情愉快。

③俄然：突然。

③蘧（qú）蘧然：惊惶的样子。

④物化：事物自身的变化。根据本段文意，所谓变化即外物与自我的交合，推进一步，一切事物也都将浑而为一。

【译文】

从前庄周梦见自己变成蝴蝶，栩栩如生飞舞自得的一只蝴蝶，遨游各处悠游自在，根本不知道自己原来是庄周。忽然醒过来，意识到自己分明是庄周。不知道是庄周在梦中变成了蝴蝶呢,还是蝴蝶在梦中变为了庄周呢?庄周和蝴蝶必定是有区别的。这种转变就叫做"物化"。

【故事】

忘我的故事

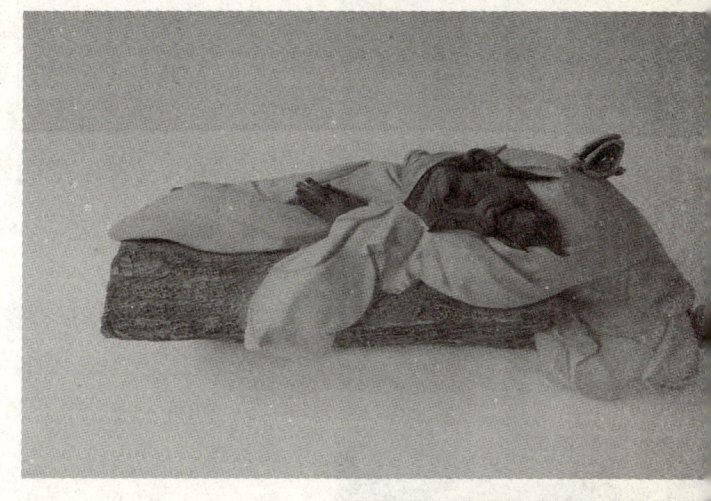

庄子梦蝶(陶塑)

1858年,瑞典的一个富豪人家生下了一个女儿。然而不久,孩子染患了一种无法解释的瘫痪症,丧失了走路的能力。

一次,女孩和家人一起乘船旅行。船长的太太给孩子讲船长有一只天堂鸟,她被这只鸟的描述迷住了,很想亲自云看一看。于是保姆把孩子留在甲板上,自己去找船长。孩子耐不住性子等待,她要求船上的服务生立即带她去看天堂鸟。那服务生并不知道她的腿不能走路,而只顾带着她一道去看那只美丽的小鸟。奇迹发生了,孩子因为过度渴望,竟忘我地拉住服务生的手,慢慢地走了起来。从此,孩子的病便痊愈了。女孩长大后,又忘我地投入到文学创作中,最后成为第一位荣获诺贝尔文学奖的女性,也就是茜尔玛·拉格萝芙。

忘我是走向成功的一条捷径,只有在这种环境中,人才会超越自身的束缚,释放出最大的能量。

中国古代教育智慧

汤显祖

汤显祖（1550年—1616年），明代戏曲作家。字义仍，号海若，又号若士，别署清远道人，临川（今属江西）人。在中国和世界文学史上有着重要的地位。

武林高手的最高境界，就是以无招胜有招，一切在无形之中，随心所欲。故有天人合一，聚天地之精华，凝山川之灵气，物即我，我即物。一个人要做到这一点确实不易。

王羲之写字入了迷，竟把墨汁当蒜泥，用馒头蘸着吃。

毛泽东少时，常在闹区看书，心无旁骛，其心神之静，令人刮目相看。

更有意思的是，有些人忘了生活中真实的我，把自己看成一个虚幻中的角色，此我非我也，这是另一种境界。

明朝大戏剧家叫汤显祖，在写作《牡丹亭》时，有一天忽然失踪，家里人四处寻找，后来才发现他躺在院子里的柴堆上，用袖子蒙住脸痛哭，而且哭得很伤心。原来汤显祖这时正在写第二十五出《忆女》一场戏，内容是春香陪老夫人到后花园祭奠死去三年的杜丽娘，春香想起杜丽娘生前待她的好处，忍不住痛哭起来，汤显祖写着写着竟禁不住泪如泉涌。

科学家的忘我境界，可以达到目中无人，超脱自我。

一次安培外出，在门上挂了"安培不在家"的牌子。在回家途中，他一直在思考科学问题，以至入了迷，走到家门口看到自己挂的牌子，竟未意识到自己是这里的主人，安培就是他自己的名字。他想：既然主人没在家，还是离去吧！于是又转身走开了。

牛顿做实验时，把手表当鸡蛋煮；居里夫

人课间演算习题时,身旁被恶作剧的同学堆满了凳子,竟丝毫没有察觉;爱因斯坦在思考问题时,竟把和他一起乘车的小女儿忘记了。

忘我就是专注,专注于一件事情。专注的人,即使不取得成功也能获得快乐。

庄子的教育智慧

安培

安德烈·玛丽·安培（1775年—1836年）,法国物理学家,在电磁作用方面的研究成就卓著,对数学和化学也有贡献。电流的国际单位安培即以其姓氏命名。

黄帝炼丹台

三、养生主

【原文】

吾生也有涯①，而知也无涯②。以有涯随无涯③，殆已④；已而为知者⑤，殆而已矣！为善无近名⑥，为恶无近刑。缘督以为经⑦，可以保身，可以全生⑧，可以养亲⑨，可以尽年⑩。

【注释】

①涯：边际，极限。

②知：知识，才智。

③随：追随，索求。

④殆：危险，这里指疲困不堪，神伤体乏。

⑤已：此，如此；这里指上句所说的用有限的生命索求无尽的知识的情况。

⑥近：接近，这里含有追求、贪图的意思。

⑦缘：顺着，遵循。督：中，正道。中医有奇经八脉之说，所谓督脉即身背之中脉，具有总督诸阳经之作用；"缘督"就是顺从自然之中道的含意。经：常。

⑧生：通"性"。"全生"的意思是保全天性。

⑨养亲：从字面上讲，上下文意不能衔接，旧说称不为父母留下忧患，亦觉牵强。按亲为"身"的借字理解。

⑩尽年：终享天年，不使夭折。

庄子的教育智慧

【译文】

我们的生命是有限的，而知识是无限的。要想用有限的生命去追求无限的知识，就会很疲倦了。明知如此，仍要汲汲以求地追求知识，那就会更疲倦了。做善事不能有求名利之心，做恶事不能有刑戮之苦，顺着刑名之间的自然之道以为常法，就可以保护生命，保全天性，养护身体，享尽寿命了。

【故事】

活到老学到老

生于1915年，现在已经九十多岁的著名经济学家于光远是一位活到老、学到老的可爱老头。他八十六岁开始使用电脑，建立了自己的网站，又当"博客"。不想落后于时代的他以乐观的生活态度治学为文、安度晚年。有报道说，这位头顶"著名经济学家"桂冠的于光远先生，晚年又开始攀登文学高峰，散文出手不凡，自诩"二十一世纪文坛新秀"。九十岁前，于老已出版了七十五部著作，其中包括散文集《古稀手迹》《墙外的石榴花》《我眼中的他们》《周扬和我》《我的编年故事》等。

晚年的于光远每天花大量的时间坐在电脑前，除了吃饭、睡觉，他基本都在电脑上写着、学着、玩着、快活着。他表示，不过百岁生日，要出百部著作。

在离德国科隆不远的西比希城，约翰

于光远

于光远，经济学家，上海人，原姓郁，名锺正，于光远是入党后起的名字。1936年毕业于清华大学物理系。1937年加入中国共产党。1941年起从事陕甘宁边区经济的研究工作，后在延安大学财经系任教。1955年被推选为中国科学院哲学社会科学学部的学部委员。1975年以后任国家计划委员会经济研究所所长、国家科委副主任、中国社会科学院顾问、《中国大百科全书》总编委会副主任等职。

中国古代教育智慧

> **关于学习的名言**
>
> 我的努力求学没有得到别的好处,只不过是越来越发觉自己的无知。(笛卡儿)
>
> 学到很多东西的诀窍,就是一下子不要学很多。(洛克)
>
> 学问是异常珍贵的东西,从任何源泉吸收都不可耻。(阿卜·日·法拉兹)
>
> 学习是劳动,是充满思想的劳动。(乌申斯基)

娜·玛克司夫人可是个响当当的人物。1994年,七十高龄的她,经过长达六年的刻苦攻读,以优异的成绩获得了科隆大学的教育学硕士文凭;七十九岁时,完成了长达二百页的博士论文,论文的题目是:《如何度过晚年——学习使老人永远充满活力》,最后被科隆大学授予教育学博士学位。小城的市民们,无不对这位孜孜不倦的老人赞叹不已,由此她还当选为该城"最伟大女性"。之后,玛克司夫人作为嘉宾,参加了德国著名电视主持人迪沃累克主持的一次脱口秀节目。于是全国的观众都认识了这位戴着大框架眼镜、说话有条不紊又颇富幽默感的老人。

玛克司夫人退休之前长期在一家公司任职,是个活跃、开朗的女士。退休之后,不甘寂寞的她先是上了一个法语班。后来在报上看到科隆大学招收老年大学生的广告,便勇敢地报名成为正式大学生,当时她已满六十五岁。她披露,第一学期的学习让她最难以适应。因为小时候上中学时,课程和课表都是由学校或教师制定的,而这回,一切都得自己安排。在度过最初的难关之后,她越学干劲越大,而且凭借着年轻时积累的丰富知识和打下的良好学习基础,成绩居然在班上经常遥遥领先。平时她和年轻人一样身穿运动装或牛仔服,还常常和同学们一起参加游戏或体育运动。她坚持每周参加一次。她在入学的第三年就学会了电脑操作,还积满了所需要的足够学分。不过她并不忘时不时忙里偷闲回家操持家务，并尽量抽空陪伴丈夫进餐。同学们惊奇地发现，在她念书期间，竟然做到了学习、家庭两不误！

玛克司夫人的博士论文研究的是老年妇女如何才能安度晚年。她曾深入多个养老院和普通家庭，采访了三十四名终身学习的老年妇女。由于她是她们的同龄人，她们几乎毫无例外地向她倾诉了第二次世界大战遗留在自己心灵深处的创伤，以及进入老龄之后感觉到的孤独、失落等负面情绪。而正是老年时代孜孜不倦的学习，她们的晚年生活异常充实和快乐，有的还因此而克服了酗酒、吸毒或依赖药物等毛病。她认为，进入老年后大脑的"锻炼"尤为重要，如背诵歌词和外语单词就是很好的锻炼大脑的方式。在论文中她强调，每个人都会变老，这是不可避免的自然规律，但如何度过晚年却可以由自己决定。除了坚持学习外，另一关键就是坚持运动。她建议所有老人都选择至少一种力所能及的运动，并力图避免只说不做。她的口号是：天天锻炼，使自己年轻十岁！

玛克司夫人每天都会收到大量来信，其中不乏来自年轻人的。一名三十多岁的少妇在信中写道："听了您老人家的故事，我们再也不怕变老啦！"

《三字经》插画

中国古代教育智慧

"庖丁解牛"的引申

【原文】

庖丁为文惠君解牛①,手之所触,肩之所倚,足之所履,膝之所踦,砉然响然,奏刀騞然,莫不中音②。合于《桑林》之舞,乃中《经首》之会③。文惠君曰:"嘻,善哉!技盖④至此乎?"

庖丁释刀对曰:"臣之所好者道也,进乎⑤技矣。始臣之解牛之时,所见无非牛者也。三年之后,未尝见全牛也。方今之时,臣以神遇而不以目视,官知止而神欲行⑥。依乎天理,批大郤,导大窾,因其固然⑦。枝经肯綮之未尝微碍,而况大軱乎⑧!良庖岁更刀,割也;族庖月更刀,折也。今臣之刀十九年矣,所解数千牛矣,而刀刃若新发于硎。彼节者有间,而刀刃者无厚,以无厚入有间,恢恢乎其于游刃必有余地矣。是以十九年而刀刃若新发于硎⑨。虽然,每至于族,吾见其难为,怵然为戒,视为止,行为迟。动刀甚微,謋然已解,如土委地。提刀而立,为之四顾,为之踌躇满志,善刀而藏之。"

文惠君曰:"善哉!吾闻庖丁之言,得养生焉⑩。"

【注释】

①庖(páo):厨房。"庖丁"即厨师。一说"庖"指厨师,"丁"是他的名字。文惠君:旧说指梁惠王。解:剖开、分解。

②触:接触。倚:靠。履:踏、踩。踦(yǐ):用膝抵住。砉(huā)然:皮肉分离的声音。响,

庄子的教育智慧

多种声音相互响应的样子。奏：进。騞（huō）然：以刀快速割牛的声音。中（zhòng）：合乎。"中音"，意思是合乎音乐的节奏。

③桑林：传说中的殷商时代的乐曲名。"桑林之舞"意思是用桑林乐曲伴奏的舞蹈。经首：传说中帝尧时代的乐曲名。会：乐律，节奏。

④盖：通作"盍"，作"何"解，怎么的意思。一说为句中语气词，读如"盖"。释：放下。

⑤进：进了一层，含有超过、胜过的意思。乎：于，比。

⑥神：精神，心思。官：器官，这里指眼。知：知觉，这里指视觉。

⑦天理：自然的纹理，这里指牛体的自然结构。批：击。郤（xì）：通"隙"，这里指牛体筋腱骨骼间的空隙。导，引导，导向。窾（kuǎn）：空，这里指牛体骨节间较大的空处。因：依，顺着。固然：本然，原本的样子。

⑧枝（zhī）:指支脉。经：经脉。肯：附在骨上的肉。綮（qǐ）：骨肉连接很紧的地方。未：不曾。尝：尝试。軱（gū）：大骨。

⑨族：众；"族庖"指一般的厨师。折：断；这里指用刀砍断骨头。发：出，这里指刚从磨刀石上磨出来。硎（xíng）：磨刀石。恢恢：宽广。游刃：运转的刀刃。族：指骨节、筋腱聚结交错的部位。

⑩怵（chù）然：小心谨慎的样子。謋（huò）：

名言

神秘就是靠神秘性来赢得尊重的。（佚名）

让别人需要你比让别人尊重你好。（佚名）

美妙的风度是人生的瑰宝。（佚名）

一启口，则妙趣横生；一行动，则豪气如虹。（佚名）

人生最大的教训是懂得拒绝。（佚名）

允许别人开你的玩笑，那是一种雅量。（佚名）

中国古代教育智慧

荷（张大千画）

牛体分解的声音。委：堆积。善：这里讲作摆弄、擦拭的意思。养生：其后省中心语，意思是"养生之道"。

【译文】

厨师给文惠君宰牛，手触到的，肩抵住的，脚踩着的，膝顶着的，都发出去奢的响声，进刀时砉砉的粗放声音，没有不符合乐音的。既符合《桑林》舞曲的拍节，又符合《经首》的乐曲节奏。

文惠君说："哎呀，太好了！技巧怎能达到这种程度呢？"

厨师放下刀回答说："我所爱好的是道，已经超过技巧了。最初我宰牛的时候，所看到的无非是牛；三年之后，就未曾看到过整个的牛了。到了现在，我只用心神去和牛接触而不用眼睛去看。感觉停止了而心神在活动。依照牛体的自然结构，劈开筋肉相连的间隙，导入骨节之间的空当，因遁它本来的结构运转刀口，不曾碰到经脉筋骨相连的地方，更何况大块的骨头呢！好的厨师每年更换一把刀，因为他们用刀割筋肉；一般的厨师每月更换一把刀，因为他们用刀砍骨头。现在我这把刀已经用十九年了，宰的牛有几千头了，可是刀刃还像刚刚磨过的一样。牛的骨节有空隙，而刀刃薄得像没有厚度一般，以没有厚度的刀刃切入有空隙的骨节，宽绰地运转刀口，必定是有回旋余地的，所以这把刀用了十九年还像刚磨过的一样。虽然如此，每当碰到筋骨交错聚结的地方，我觉得难下刀，不得不小心谨慎，目光专注，行动迟缓，动刀很轻，牛就哗啦解体了，就像土堆散在地上一样。这时，我提刀站着，环视四周，心安理得，把刀擦拭得干干净净而收藏起来。"

文惠君说："好啊！我听了厨师的话，懂得了养生的道理啦。"

【故事】

张大千的出神入化

国画泰斗张大千，年轻时经常仿造一些假画，他的造假水平已经达到出神入化的程度。特别是他仿造石涛的作品深得石涛笔意的奥妙，非常神似。

1925年，张大千来到北京，当时他在书画界还没有什么名气。一次，在中华艺术研究会举行的宴会上，会长周肇祥向大家介绍张大千，并说他对石涛很有研究，紧接着又说在座的陈半丁最近寻到一本难得的石涛画册，随即陈半丁便邀请在座的各位次日到他家看画。

翌日下午五时许，张大千便到陈家看画。陈半丁以众人未到为由婉言拒绝。一直等到七时许，客人们陆续到齐，陈才从内室捧出画箱。这本册页装裱极精，上面还有日本著名鉴赏家内藤虎次郎的题字。只见这时张大千挤到画册前，拿起就翻，而且翻得越来越快，翻完后道："原来是这本册子，不用看我也知道。"

庄子的教育智慧

张大千

张大千（1899年—1983年），四川内江人，原名张正权，又名爰，字季爰，号大千，别号大千居士，20世纪中国画坛最具传奇色彩的国画大师，无论是绘画、书法、篆刻、诗词都无所不通。早期专心研习古人书画，特别在山水画方面卓有成就。后旅居海外，画风工写结合，重彩、水墨融为一体，尤其是泼墨与泼彩，开创了新的艺术风格。他的治学方法，值得那些试图从传统走向现代的画家们借鉴。

中国古代教育智慧

江上泛（陈半丁画）

陈半丁听后很是不快。张大千见此情景只是微微一笑，说："这是我三年前画的。"在座的人听此言都惊愕不已，许多人都以为他在开玩笑。张大千看出了他们的意思，不等他们质疑，便如数家珍地说出了这本册页各页的内容，甚至连款题何处，印章有几枚，印文是什么都说得丝毫不差。陈半丁在他讲述的同时翻阅画册核对，匆忙中连眼镜也摔坏了，真可谓是"大跌眼镜"。

【原文】

老聃死，秦失吊之，三号而出①。

弟子曰："非夫子之友邪？"

曰："然。"

"然则吊焉若此，可乎？"

曰："然。始也，吾以为其人②也，而今非也。向③吾入而吊焉，有老者哭之，如哭其子；少者哭之，如哭其母。彼其所以会之④，必有不蕲言而言，不蕲哭而哭者。是遁天倍情⑤，忘其所受⑥，古者谓之遁天之刑⑦。适来⑧，夫子时也；适去，夫子顺也。安时而处顺，哀乐不能入也，古者谓是帝之县解⑨。"

指穷于为薪⑩，火传也，不知其尽也。

【注释】

①秦失（yì）：亦写作"秦佚"，老子的朋友。号：这里指大声地哭。

②其人：指与秦失对话的哭泣者。老聃和秦失都把生死看得很轻，在秦失的眼里老聃的弟子也应都是能够超脱物外的人，但如此伤心地长久

哭泣,显然哀痛过甚,有失老聃的遗风。

③向:刚才。

④彼其:指哭泣者,即前四句中的"老者"和"少者"。所以:讲作"……的原因"。会:聚,碰在一块儿。

⑤遁:逃避,违反。倍:通作"背",背弃的意思。一说"倍"讲作"加",是增益的意思。

⑥忘其所受:大意是忘掉了受命于天的道理。庄子认为人体禀承于自然,方才有生有死,如果好生恶死,这就忘掉了受命于天的道理。

⑦刑:过失。"遁天之刑"是说感伤过度,势必违反自然之道而招来过失。一说"刑"即刑辱之意。

⑧适:偶然。来:来到世上,与下一句的"去"讲作离开人世相对立;这里的"来"、"去"实指人的生和死。

⑨帝:天,万物的主宰。县(xuán):同"悬"。"帝之县解"犹言"自然解脱"。在庄子看来,忧乐不能入,死生不能系,做到"安时而处顺",就自然地解除了困缚,犹如解脱了倒悬之苦。

⑩本句旨意历来解释纷纭,不得要领。根据前文所述可这样理解:"指""薪"即脂薪,又称烛薪,用以取光照物,"穷"是尽的意思,油脂燃尽于浸裹的柴薪,但火种却不会熄灭,传

庄子的教育智慧

老子

老子生活在春秋时期,曾在东周国都洛邑(今河南洛阳)任守藏史(相当于图书馆馆长)。他博学多才,孔子周游列国时曾到洛阳向老子问礼。晚年乘青牛西去,并在函谷关(位于今河南灵宝)前写成了五千言的《道德经》,最后不知所终。道教出现后,老子被尊为"太上老君";从《列仙传》开始,老子就被尊为神仙。从汉代起,历代帝王就开始到河南鹿邑去祭拜老子。《道德经》的国外版本有一千多种,是被翻译成外国语言最多的中国书籍。

中国古代教育智慧

老子西行

之于无穷。

【译文】

老聃死了，秦失吊唁他，哭一阵就出来了。

老聃的弟子说："你不是我们老师的朋友吗？"

秦失说："是的。"

"那么这样吊唁，行吗？"

秦失说："行的。以前我认为你们都是得道之人，现在看来并非如此。刚才我进去吊唁时，看见有年长的哭他，像哭自己的孩子；有年轻的人哭他，像哭自己的父母。你们聚集在这里，一定有人本不想说什么却情不自禁地诉说了什么，本不想哭泣却情不自禁地痛哭起来。如此喜生恶死是违反常理、背弃真情的，他们都忘掉了人是禀承于自然、受命于天的道理，古时候人们称这种作法为背离自然的过失。偶然来到世上，你们的老师他应时而生；偶然离开人世，你们的老师他顺依而死。安于天理和常分，顺从自然和变化，哀伤和欢乐便都不能进入心怀，古时候人们称这样做就叫作自然的解脱，好像解除倒悬之苦似的。"

取光照物的烛薪终会燃尽，而火种却传续下来，永远不会熄灭。

【故事】

对待生命的态度

有位太太请了个油漆匠到家里粉刷墙壁。

油漆匠一走进门，看到她的丈夫双目失明，顿时流露出怜悯的眼光。可是男主人一向开朗乐观，所以油漆匠在那里工作了几天，他们谈得很投机；油漆匠也从未提起男主人的缺憾。

工作完毕，油漆匠取出账单，那位太太发现比谈妥的价钱打了一个很大的折扣。

她问油漆匠："怎么少算这么多呢？"

油漆匠回答说："我跟你先生在一起觉得很快乐，他对人生的态度，使我觉得自己的境况还不算最坏。所以减去的那一部分，算是我对他表示一点谢意，因为他使我不会把工作看得太苦！"

油漆匠对她丈夫的推崇，使她落泪，因为这位慷慨的油漆匠，自己只有一只手。

态度就像磁铁，不论我们的思想是正面抑或是负面的，我们都受到它的牵引。而思想就像轮子一般，使我们朝一个特定的方向前进。虽然我们无法改变人生，但我们可以改变人生观，虽然我们无法改变环境，但我们可以改变心境，我们无法调整环境来完全适应自己的生活，但可以调整态度来适应一切的环境。

毕竟，你的生活并非全数由生命所发生的事所决定；而是由你自己面对生命的态度与你的心灵看待事情的态度来决定。

关于学习的名言

生命不等于是呼吸，生命是活动。（卢梭）

生命是一条艰险的狭谷，只有勇敢的人才能通过。（米歇潘）

一个伟大的灵魂，会强化思想和生命。（爱默生）

世界上只有一种英雄主义，那就是了解生命而且热爱生命的人。（罗曼·罗兰）

四、人间世

【原文】

南伯子綦①游乎商之丘，见大木焉，有异，结驷千乘，将隐芘其所藾②。子綦曰："此何木也哉？此必有异材夫？"仰而视其细枝，则拳曲而不可以为栋梁；俯而视其大根，则轴解而不可以为棺椁；舐其叶，则口烂而为伤；嗅之，则使人狂酲，三日而不已③。

子綦曰："此果不材之木也，以至于此其大也。嗟乎神人，以此不材！

"宋有荆氏者，宜楸柏桑。其拱把而上者，求狙猴之杙者斩之；三围四围，求高名之丽者斩之；七围八围，贵人富商之家求樿傍者斩之④。故未终其天年，而中道之夭于斧斤，此材之患也。故解之以牛之白颡者与豚之亢鼻者，与人有痔病者不可以适河⑤。此皆巫祝⑥以知之矣，所以为不祥也，此乃神人之所以大祥也。"

【注释】

①南伯子綦：人名，庄子寓言中人物。商之丘：即商丘，在今河南省，地名。

②驷（sì）：一辆车套上四匹马。芘（pí）：通作"庇"，荫庇的意思。藾（lài）：即"荫"。

③拳曲：弯弯曲曲的样子。轴：指木心。解：裂开。"轴解"意思是从木心向外裂开。一说"解"讲作"散"，指纹理松散不可用。

关于学习的名言

我们只有献出生命，才能得到生命。（泰戈尔）

内容充实的生命就是长久的生命。我们要以行为而不是以时间来衡量生命。（小塞涅卡）

寿命的缩短与思想的虚耗成正比。（达尔文）

谁能以深刻的内容充实每个瞬间，谁就是在无限延长自己的生命。（库尔茨）

生命不可能有两次，但许多人连一次也不善于度过。（吕凯特）

酲（chéng）：酒醉。

④荆氏：地名。拱：两手相合。把：一手所握。杙（yì）：小木桩，用来系牲畜的。围：一说指两臂合抱的长度。一说两手拇指和食指合拢起来的长度。高名：指地位高贵名声显赫的人家。栋，即屋之中梁。樿（shàn）傍：指由独幅做成的棺木左右扇。

⑤解之：指祈祷神灵以消灾。颡（shǎng）：额。亢："高"；"亢鼻"指鼻孔上仰。古人以高鼻折额、毛色不纯的牲畜和痔漏的人为不洁净，因而不用于祭祀。适：沉入河中以祭神。

⑥巫祝：巫师。

【译文】

南伯子綦到商丘游览，看到一棵大树与其他的树不同，集结一千辆四匹马拉的车，都可以在它的下面庇荫。子綦说："这是什么树呀？这树必定有特殊的材质吧！"仰头望它的细枝，则弯弯曲曲而不能做栋梁，低头看树干，则轴心疏散而不能做棺椁。舔它的叶子，嘴烂而舌伤。闻它，则使人大醉如狂，三天醒不过来。

子綦说："这是无用的树木，因此它才长这么大。唉！神人也是这样显示自己的不材呀！

"宋国有荆氏领地，适宜种植楸、柏、桑三种树，一把两把以上粗的，被寻求拴猴子的小木桩的人把它砍掉；三围四围粗的，被寻求高大脊檩的人把它砍掉；长到七围八围粗的，

老子（炭雕）

中国古代教育智慧

> **关于学习的名言**
>
> 珍惜生命就要珍惜今天。（佚名）
>
> 人生包含着一天，一天象征着一生。（佚名）
>
> 我们的生命只有一次，但我们如能正确地运用它，一次足矣。（佚名）
>
> 人生有一道难题，那就是如何使一寸光阴等于一寸生命。（佚名）
>
> 我从不忘记活着本身就是乐趣。（佚名）

被寻求棺木的贵族、富商之家的人把它砍掉。因此，不能穷尽天年的寿命而中途便夭折于斧斤之下，这就是有用之材招来的祸患，所以要解除用白额头的牛、鼻孔外翻的猪、长着痔疮的人去祭河，这是巫祝都知道的，以为不吉祥。而神人却以为是最大的吉祥了。"

【故事】

石头和砖头

传说老子骑青牛过函谷关，在函谷府衙为府尹留下洋洋五千言《道德经》时，一位年逾百岁、鹤发童颜的老翁招招摇摇到府衙找他。老子在府衙前遇见老翁，老翁对老子略施了个礼。"听闻先生博学多才，老朽愿向您讨教个明白。"老翁得意地说，"我今年已经一百零六岁了。说实在话，我从年少直到现在，一直是游手好闲地轻松度日。与我同龄的人纷纷作古，他们开垦百亩沃田却没有一席之地，修了万里长城而未享辚辚华盖，建了四舍屋宇却落身于荒野郊外的孤坟。而我呢，虽一生不稼不穑，却还吃着五谷；虽没置过片砖只瓦，却仍然居住在避风挡雨的房舍中。先生，是不是我现在可以嘲笑他们忙忙碌碌劳作一生，只是给自己换来一个早逝呢？"

老子听了，微然一笑，吩咐府尹说："请找一块砖头和一块石头来。"

老子将砖头和石头放在老翁面前说："如果只能择其一，仙翁您是要砖头还是愿取石头？"

老翁得意地将砖头取来放在自己的面前说："我当然择取砖头。"

老子抚须笑着问老翁："为什么呢？"

老翁指着石头说："这石头没棱没角，取它何用？而砖头却用得着呢。"

老子又招呼围观的众人问："大家要石头还是要砖头？"众人都纷纷说要砖而不取石。

老子又回过头来问老翁："是石头寿命长呢，还是砖头寿命长？"老翁说："当然是石头了。"

老子释然而笑说："石头寿命长人们却不择它，砖头寿命短，人们却选择它，不过是有用和没用罢了。天地万物莫不如此。寿命虽短，于人于天有益，天人皆择之、念之，短亦不短；寿虽长，于人于天无用，天人皆摒弃，倏忽忘之，长亦短啊。"

老翁顿然大惭。

老子骑牛图

【原文】

孔子适楚①，楚狂接舆游其门曰②：

"凤兮凤兮，何如德之衰也③！

来世不可待，往世不可追也。

天下有道，圣人成焉；

天下无道，圣人生焉④。

方今之时，仅免刑焉。

福轻乎羽，莫之知载；祸重乎地，莫之知避⑤。

已乎已乎。临人以德！

中国古代教育智慧

孔子（浮雕）

殆乎殆乎，画地而趋⑥！

迷阳迷阳，无伤吾行⑦！吾行郤曲⑧，无伤吾足。"

【注释】

①适：往。

②楚狂接舆：楚国的隐士，相传姓陆名通，接舆为字。

③凤：凤鸟，这里用来比喻孔子。何如：如何，怎么。之：往。全句大意是，怎么怀有圣德却来到这衰乱之国。

④有道：指顺应规律使社会得到治理。下句的"无道"则与此相反。成：指成就了事业。

⑤乎：于，比。莫：不。载：取。

⑥画地：在地面上画出道路来。喻指人为的规范让人们去遵循。

⑦迷阳：指荆棘。

⑧郤(xì)曲：屈曲，指道路曲折难行。根据句式上的结构特点，"吾行郤曲"当与"迷阳迷阳"结构相同，而"吾行"很可能是传抄时误迭，则全句当是"郤曲郤曲"。

⑨寇：侵犯，掠夺。"自寇"意思是自取砍伐。膏：油脂。"自煎"意思是自取熔煎。

⑩桂：树名，其皮可作香料。

【译文】

孔子去到楚国，楚国隐士接舆有意来到孔子门前唱：

"凤鸟啊，凤鸟啊！你的德行为什么衰败？

未来的世界不可期待，过去的时日无法追回。

天下得到了治理，圣人便成就了事业；

国君昏暗天下混乱，圣人也只得顺应潮流苟全性命。

当今这个时代，只求避免遭受刑害。

幸福比羽毛还轻，而不知道怎么取得；祸患比大地还重，而不知道怎么回避。

算了吧，算了吧！不要在人前宣扬你的德行！

危险啊，危险啊！人为地划出一条道路让人们去遵循！

遍地的荆棘啊，不要妨碍我的行走！曲曲弯弯的道路啊，不要伤害我的双脚！"

【故事】

坚瓠无用

邓稼先的精神

一次，航投试验时出现降落伞事故，原子弹坠地被摔裂。邓稼先明知有危险，却一个人抢上前去把摔破的原子弹碎片拿到手里仔细检验。身为医学教授的妻子知道他"抱"了摔裂的原子弹，在邓稼先回北京时强拉他去检查。结果发现在他的小便中带有放射性物质，肝脏被损，骨髓里也侵入了放射物。随后，邓稼先仍坚持回核试验基地。在步履艰难之时，他坚持要自己去装雷管，并首次以院长的权威向周围的人下命令："你们还年轻，你们不能去！"

为了让同他一起工作的年轻人也得到休息，得到工作之余的稍许娱乐，他总是抽空与年轻人玩十分钟的的木马游戏。有一次，王淦昌教授看见了他们在玩这种游戏，又好气又好笑，斥责说："这是什么玩法，你还做儿戏呀。"邓稼先笑说："这叫互相跨越！"

正是靠着这种关系，邓稼先和同事们一起克服了一个个科学难关，使我国的"两弹研制"以惊人速度发展。

齐国有一个名叫田仲的人，自命清高，不愿与达官贵人为伍而隐居乡间，认为自己这样做是十分明智的。

宋国有个叫屈谷的人到田仲那里去见他，对他说："我听说过先生的大义，您是不愿仰人鼻息的人。我没有什么别的本事，只会种庄稼蔬菜，特别是种葫芦很有方法。现在，我有

中国古代教育智慧

邓稼先

邓稼先（1924年—1986年），安徽怀宁人，著名核物理学家，中国科学院院士。一位伟大而备受尊敬的物理学大师，我们每一位中国人都应该铭记的为祖国奉献出一生的前辈，他在艰苦的环境下成功的为中国造出了第一枚原子弹和第一枚氢弹。

一个大葫芦。它不仅坚硬得像石头一般，而且皮非常厚，以致于葫芦里面没有空窍。这是我特意留下来的一只大葫芦，我想把它送给您。"

田仲听后，对屈谷说："葫芦嫩的时候可以吃，老了不能吃的时候，它最大的用途就是盛放东西。现在你的这个葫芦虽然很大，然而它不仅皮厚，没有空窍，而且坚硬得不能剖开，像这样的葫芦既不能装物，也不能盛酒，我要它有什么用处呢？"

屈谷说："先生说的对极了，我马上把它扔掉。不过先生是否考虑过这样一个问题，您虽然是不仰仗别人而活着，但是您隐居在此，空有满脑子的学问和浑身的本领，却对国家没有一点用处，您同我刚才说的那个大葫芦不是一样的吗？"

这则寓言说明，如果一个人不将自己的本领贡献给国家、社会，仅仅只是在那里笑傲山林，就算他有高洁的名声，实质上这种处世之道并不明智。到头来，他的智慧与贡献还远不及那位种田的农夫屈谷。

五、德充符

【原文】

鲁有兀者王骀①,从之游者与仲尼相若。常季问于仲尼曰:"王骀,兀者也。从之游者与夫子中分鲁。立不教,坐不议;虚而往,实而归。固有不言之教,无形而心成者邪②?是何人也?"

仲尼曰:"夫子,圣人也,丘也直后而未往耳。丘将以为师,而况不若丘者乎!奚假鲁国③!丘将引天下而与从之。"

常季曰:"彼兀者也,而王先生,其与庸亦远矣。若然者,其用心也独若之何④?"

仲尼曰:"死生亦大矣,而不得与之变,虽天地覆坠,亦将不与之遗。审乎无假而不与物迁,命物之化而守其宗也⑤。"

常季曰:"何谓也?"

仲尼曰:"自其异者视之,肝胆楚越⑥也;自其同者视之,万物皆一也。夫若然者,且不知耳目之所宜而游心乎德之和;物视其所一而不见其所丧,视丧其足犹遗土也。"

常季曰:"彼为己。以其知得其心,以其心得其常心,物何为最之哉⑦?"

仲尼曰:"人莫鉴于流水而鉴于止水,唯止能止众止。受命于地,唯松柏独也正,在冬夏青青;受命于天,唯舜独也正,幸能正生,以正众生⑧。夫保始之征⑨,不惧之实;勇士一人,雄

庄子的教育智慧

霍金

斯蒂芬·威廉·霍金,1942—2018年。曾先后毕业于牛津大学和剑桥大学三一学院,并获剑桥大学哲学博士学位。在大学学习后期,开始患"肌肉萎缩性脊髓侧索硬化症"(运动神经元疾病),半身不遂。1985年霍金又丧失语言能力,表达思想唯一的工具是一台电脑声音合成器。他用仅能活动的几根手指操纵一个特制的鼠标器在电脑屏幕上选择字母、单词来造句,然后通过电脑播放声音,通常制造一个句子要五六分钟,为了合成一个小时的录音演讲要准备十天。1988年写成科普著作《时间简史》,该书被译成了几十种语言发行。

> **霍金名言**
>
> 当你面临着夭折的可能性，你就会意识到，生命是宝贵的，你有大量的事情要做。
>
> 上帝既造就天才，也造就傻瓜，这不取决于天赋，完全是个人努力程度不同的结果。
>
> 身体和精神是不能同时残障的。
>
> 无论命运有多坏，人总应有所作为，有生命就有希望。
>
> 如果一个人没有梦想，无异于死掉。

入于九军。将求名而能自要者，而犹若是，而况官天地，府万物，直寓六骸，象耳目，一知之所知⑩，而心未尝死者乎！彼且择日而登假，人则从是也。彼且何肯以物为事乎！"

【注释】

①兀：通"跀"（yuè），断足的刑法。"兀者"指受过跀刑只有一只脚的人。王骀（tái）：假托的人名。

②常季：鲁国贤人，传说为孔子弟子。中分鲁：在鲁国平分，意思是在鲁国彼此间差不多，不分上下。无形：不具有完整的形体。心成：内心世界达到成熟的境界。一说"无形"指无须用形表，"心成"指潜移默化。

③直：通"特"，仅只的意思。后：意思是落在对方的后面。奚：何。假：已，只。

④王：突出、超过的意思；"王先生"即远远超过了先生。庸：平庸，这里指平常的人。"其与庸亦远矣"，是说他跟平常人相比也就相差很远很远了。若之何：如何，怎么样。

⑤遗：失。审：明悉，通晓。假：凭依；"无假"即是"无待"。旧注"假"通作"瑕"，指审度自己没有一点儿毛病；姑备参考。命：任。"命物之化"就是听任事物的变化。宗：本，主旨。

⑥肝胆楚越：肝胆两种器官紧紧相连，楚越两国相去甚远，喻指邻近的肝胆同于一体之中也像是楚越那样相去甚远。

⑦物：外物，这里指众多的门徒。最：聚集。

⑧正生：即正己，指端正自己的品行。下句"正众生"即端正他人的品行。

⑨始：本初之态。征：迹象。

⑩官：主宰。府：包藏。寓六骸：把自身的躯体当作寓所。一知：自然赋予的智慧。

【译文】

鲁国有个被砍掉一只脚的人，名叫王骀，可是跟从他学习的人却跟孔子的门徒一样多。孔子的学生常季向孔子问道："王骀是个被砍去了一只脚的人，在鲁国跟从他学习的人却和先生的弟子相当。他站着不能给人教诲，坐着不能议论大事；弟子们却空怀而来，学满而归。难道确有不用言表的教导，虽身残体秽但内心世界也能达到成熟的境界吗？这又是什么样的人呢？"

孔子回答说："王骀先生是一位圣人，我的学识和品行都落后于他，只是还没有前去请教他罢了。我将把他当做老师，何况学识和品行都不如我孔丘的人呢！何止鲁国，我将引领天下的人跟从他学习。"

常季说："他是一个被砍去了一只脚的人，而学识和品行竟超过了先生，跟平常人相比相差就更远了。像这样的人，他运用心智是怎样与众不同的呢？"

仲尼回答说："死或生都是人生变化中的大事了，可是死或生都不能使他随之变化；即使天翻过来地坠下去，他也不会因此而丧失、毁灭。他通晓无所依凭的道理而不随物变迁，

庄子的教育智慧

海伦·凯勒的自传

中国古代教育智慧

海伦·凯勒

海伦·凯勒幼时患病，两耳失聪，双目失明。七岁时，安妮·沙利文担任她的家庭教师，从此成了她的良师益友，相处长达五十年。海伦·凯勒在沙利文帮助之下进入大学学习，并以优异成绩毕业。在大学期间，写了《我生命的故事》，讲述她如何战胜病残，给成千上万的残疾人和正常人带来鼓舞。这本书被译成五十种文字，在世界各国流传。此后海伦又写了许多文字和几部自传性小说。后来凯勒成了卓越的社会改革家，到美国各地，到欧洲、亚洲发表演说，为盲人、聋哑人筹集资金。第二次世界大战期间，又访问多所医院，慰问失明士兵，她的精神受人们崇敬。1964年被授于美国公民最高荣誉——总统自由勋章，次年又被推选为世界十大杰出妇女之一。

听任事物变化而信守自己的要旨。"

常季说："这是什么意思呢？"

孔子说："从事物千差万别的一面去看，邻近的肝胆虽同处于一体之中，也像是楚国和越国那样相距很远；从事物都有相同的一面去看，万事万物又都是同一的。像这样的人，将不知道耳朵眼睛最适宜何种声音和色彩，而让自己的心思自由自在地遨游在忘形、忘情的浑沌境域之中。外物看到了它同一的方面却看不到它因失去而引起差异的一面，因而看到丧失了一只脚就像是失去了土块一样。"

常季说："他运用自己的智慧来提高自己的道德修养，他运用自己的心智去追求自己的理念。如果达到了忘情、忘形的境界，众多的弟子为什么还聚集在他的身边呢？"

孔子回答说："一个人不能在流动的水面照见自己的身影而是要面向静止的水面，只有静止的事物才能使别的事物也静止下来。各种树木都受命于地，但只有松树、柏树无论冬夏都郁郁青青；每个人都受命于天，但只有尧舜道德品行最为端正。幸而他们都善于端正自己的品行，因而能端正他人的品行。保全本初时的迹象，心怀无所畏惧的胆识；勇士只身一人，也敢称雄于千军万马。一心追逐名利而自我索求的人，尚且能够这样，何况那主宰天地，包藏万物，只不过把躯体当作寓所，把耳目当作外表，掌握了自然赋予的智慧所通解的道理，而精神世界又从不曾有过衰竭的人呢！

他定将选择好日子升登最高的境界,人们将紧紧地跟随着他。他还怎么会把聚合众多弟子当成一回事呢!"

【故事】

爱让人变得强大

一个小男孩认为自己是世界上最不幸的孩子,因为患脊髓灰质炎而留下了瘸腿和参差不齐且凸出的牙齿。他很少与同学们游戏或玩耍,老师叫他回答问题时,他也总是低着头一言不发。

一个平常的春天,小男孩的父亲从邻居家讨了一些树苗,他想把它们栽在房前。他叫他的孩子们每人栽一棵。父亲对孩子们说,谁栽的树苗长得最好,就给谁买一件最喜欢的礼物。小男孩也想得到父亲的礼物。但看到兄妹们蹦蹦跳跳提水浇树的身影,不知怎么地,萌生出一种阴冷的想法:希望自己栽的那棵树早点死去。因此浇过一两次水后,再也没去搭理它。

几天后,小男孩再去看他种的那棵树时,惊奇地发现它不仅没有枯萎,而且还长出了几片新叶子,与兄妹们种的树相比,显得更嫩绿、更有生气。父亲兑现了他的诺言,为小男孩买了一件他最喜欢的礼物,并对他说,从他栽的树来看,他长大后一定能成为一名出色的植物学家。

从那以后,小男孩慢慢变得乐观向上起来。

一天晚上,小男孩躺在床上睡不着,看着窗外那明亮皎洁的月光,忽然想起生物老师

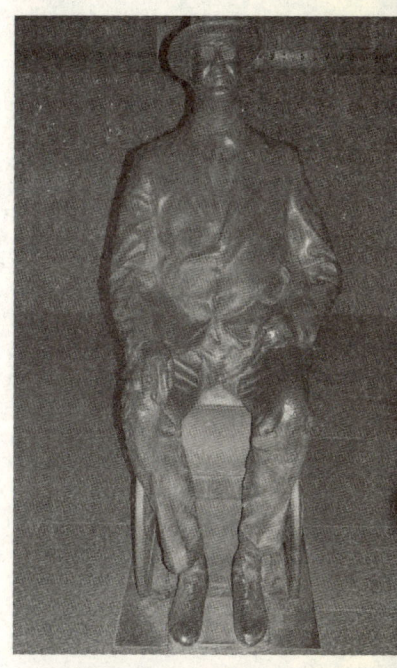

罗斯福

富兰克林·德拉诺·罗斯福(1882——1945年),美国第三十二任总统,一直被视为美国历史上最伟大的总统之一,是20世纪美国最受民众期望和爱戴的总统,也是美国历史上唯一连任四届总统的人,从1933年3月起,直到1945年4月去世时为止,任职长达十二年。曾赢得美国民众长达七周的高支持率,创下历史记录。他是身残志坚的代表人,也受到世界人民的尊敬。

中国古代教育智慧

罗斯福故事之奇怪的祝福

罗斯福五岁时跟随父亲去见当时的总统克利夫兰,小小的罗斯福给总统留下了深刻的印象。临走时,总统却给了他一个奇怪的祝福:"祈求上帝永远不要让你当美国总统。"可是他却成了美国历史上执政时间最长,也是最有威望的总统之一。

曾说过的话:植物一般都在晚上生长,何不去看看自己种的那颗小树。当他轻手轻脚来到院子里时,却看见父亲用勺子在向自己栽种的那棵树下泼洒着什么。顿时,一切都明白了,原来父亲一直在偷偷地为自己栽种的那颗小树施肥!他返回房间,任凭泪水肆意地奔流……

几十年过去了,那瘸腿的小男孩虽然没有成为一名植物学家,但他却成为了美国总统,他的名字叫富兰克林·罗斯福。

爱是生命中最好的养料,哪怕只是一勺清水,也能使生命之树茁壮成长。也许那树是那样的平凡、不起眼;也许那树是如此的瘦小,甚至还有些枯萎,但只要有养料的浇灌,它就能长得枝繁叶茂,甚至长成参天大树。

【原文】

惠子谓庄子曰①:"人故无情乎?"

庄子曰:"然"。

惠子曰:"人而无情,何以谓之人?"

庄子曰:"道与之貌②,天与之形,恶得不谓之人?"

惠子曰:"既谓之人,恶得无情?"

庄子曰:"是非吾所谓情也。吾所谓无情者,言人之不以好恶内伤其身,常因自然而不益生也③。"

惠子曰:"不益生,何以有其身?"

庄子曰:"道与之貌,天与之形,无以好恶内伤其身。今子外乎子之神,劳乎子之精④,倚树而吟,据(槁)梧而瞑⑤。天选子之形⑥,

子以坚白鸣⑦！"

【注释】

①惠子：即惠施，名家的代表人物。

②道：中国古代哲学中的"道"，含义十分复杂，这里与"天"对应，"天"指事物的自然，"道"可能是指事物的本原，即宇宙万物的本体。

③益：增添。

④劳：耗费。

⑤据：靠，凭依。槁梧：指用梧桐木做成的几案。瞑(mián)：通"眠"，假寐的意思。

⑥天选：自然的授予。

⑦坚白："坚白"论是古代名家的著名言论，它以石为喻，指石之白色与石之坚质都独立于"石"。庄子对于这一类辩论极不赞赏，斥之为无稽之谈。

【译文】

惠子对庄子说："人原本就是没有情的吗？"

庄子说："是的"。

惠子说："一个人假若没有情，为什么还能称作人呢？"

庄子说："道赋予人容貌，天赋予人形体，怎么能不称作人呢？"

惠子说："既然已经称作了人，又怎么能够没有情？"

庄子回答说："这并不是我所说的情呀。我所说的无情，是说人不因好恶，而伤害自身的

罗斯福故事之我的狗在乎

在1944年的一次访问期间，罗斯福不慎将他的爱犬法拉丢在了阿拉斯加的阿留申群岛上，为了找回法拉，他竟然下令派遣一艘驱逐舰去营救法拉。此时，正值总统大选之际，共和党人借此机会对其大加攻击，罗斯福大胆回击："对于共和党人的攻击，我不在乎，我妻子不在乎，我的儿子也不在乎，但我的狗法拉，它在乎！"

钱穆著《惠施公孙龙》

本性,常常顺任自然而不随意增添些什么。"

惠子说:"不添加什么,靠什么来保有自己的身体呢?"

庄子回答说:"道赋予人容貌,天赋予人形体,可不要因外在的好恶而致伤害了自己的本性。如今你外露你的心神,耗费你的精力,靠着树干吟咏,凭依几案闭目假寐。自然授予了你的形体,你却以'坚''白'的诡辩而自鸣得意!"

【故事】

凫水与治国

惠施的学问很渊博,魏王经常听惠施讲学,十分赞赏惠施的博学。而且,惠施对魏王也很忠诚。

那一年,魏国的宰相死了,魏王急召惠施。惠施接到诏令,立即起身,日夜兼程直奔魏国都城大梁,准备接替宰相的职务。惠施一个随从也不曾带上,他走了一程又一程,途中,一条大河挡住去路。惠施心里记挂着魏王和魏国的事情,心急火燎,结果,过河时,他一失脚便跌落水中。由于惠施水性不好,他一个劲地在水里扑腾着,眼看就要沉入水底,情况十分危急。正在这时,幸亏有个船家赶来,将惠施从水中救起,才保住了惠施的性命。船家请惠施上了船,问道:"既然你不会水,为什么不等船来呢?"

惠施回答说:"时间紧迫,我等不及。"

船家又问:"什么事这么急,让你连安全也来不及考虑呀?"

惠施说:"我要去做魏国的宰相。"

船家一听,觉得十分好笑,再瞧瞧惠施落汤鸡似的失魂落魄的样子,脸上露出了鄙视的神情。他耻笑惠施说:"看你刚才落水的样子,可怜巴巴的只会喊救命,如果不是我赶来,恐怕连性命都保不住。像你这样连凫水都不会的人,还能去做宰相吗?真是太可笑了。"

惠施听了船家这番话,十分气恼,他很不客气地对船家说:"要说划船、凫水,我当然比不上你;可是要论治理国家、安定社会,你同我比起来,大概只能算个连眼睛都没睁开的小狗。凫水能与治国相提并论吗?"

一番话,说的船家目瞪口呆。

船家哪里懂得,这世间万事万物各有各的规律,各有各的办法与学问,这凫水与治国之间也没有必然的联系,怎么可以用不会凫水就判断人家不会治国呢?

公孙龙辩白

战国时期,赵国平原君门客公孙龙因其《白马论》问世,而一举成名。

当时赵国的马匹流行烈性传染病,导致大批的马死亡。秦国为防止这种瘟疫传入秦国,就在函谷关口贴出告示:"凡赵国的马不能入关。"

这天,公孙龙骑着白马来到函谷关前。关吏说:"你人可入关,但马不能入关。"公孙龙辩道:"白马非马,怎么不可以过关呢?"关吏说:"白马是马"。公孙龙讲:"我公孙龙是龙吗?"关吏愣了愣,但仍坚持说:"按规定不管是白马黑马,只要是赵国的马,都不能入关。"公孙龙娓娓道来:"'马'是指名称而言,'白'是指颜色而言,名称和颜色不是一个概念。'白马'这个概念,分开来就是'白'和'马'或'马'和'白',这也是两个不同的概念。譬如说要马,给黄马、黑马者可以,但是如果要白马,给黑马、给黄马就不可以,这证明,'白马'和'马'不是一回事吧!所以说白马就不是马。"

关吏越听越茫然,被公孙龙这一通高谈阔论搅得晕头转向,如坠云里雾中,无奈只好让公孙龙和白马都过关去了。

六、大宗师

孔子讲学图

【原文】

死生，命也，其有夜旦之常，天也。人之有所不得与，皆物之情也。彼特以天为父，而身犹爱之，而况其卓①乎！人特以有君为愈乎己，而身犹死之②，而况其真乎！

泉涸，鱼相与处于陆，相呴以湿，相濡以沫，不如相忘于江湖③。与其誉尧而非桀也，不如两忘而化其道。（夫大块载我以形，劳我以生，佚我以老，息我以死④。故善吾生者，乃所以善吾死也。）

夫藏舟于壑，藏山于泽⑤，谓之固矣。然而夜半有力者负之而走，昧⑥者不知也。藏小大有宜，犹有所遁。若夫藏天下于天下而不得所遁，是恒物之大情也。特犯⑦人之形而犹喜之。若人之形者，万化而未始有极也，其为乐可胜⑧计邪！故圣人将游于物之所不得遁而皆存。善夭⑨善老，善始善终，人犹效之，又况万物之所系，而一化之所待乎⑩！

【注释】

①卓：特立，高超；这里实指"道"。

②死之：这里讲作"为之而死"，即为国君而献身。

③呴（xū）：张口出气。濡（rú）：沾湿的意思。沫：唾沫，即口水。

④大块：大地；这里可以理解为大自然。

佚（yì）：通"逸"，闲逸的意思。

⑤壑（hè）：深深的山谷。汕（shàn）：通"汕"，捕鱼的用具。

⑥昧：通"寐"，睡着的意思。

⑦犯：承受。一说通"范"，模子的意思。

⑧胜（shēng）：禁得起。

⑨夭：根据上下文意判断，这里应是少小的意思，与"老"字互文。

⑩系：关联、连缀。一：全；"一化"即所有的变化。待：依靠、凭借。"所系""所待"这里都是指所谓"道"，庄子认为一切事物、一切变化都离不开"道"，因而人们应当效法它，"宗"之为"师"。

【译文】

死和生是命中注定的，犹如黑夜和白天的恒常变化，是自然规律。这是不以人的意志为转移的，是万物的本性。人们以天作为生命之父，而终身爱慕它，何况那卓绝的道呢！人们唯独认为只有君主超过自己，而舍身为他效忠，何况是对待真君的道呢！

泉水干了，好多鱼被困在陆地上，相互用嘴吐气，用唾沫相互沾湿，这就莫如在江湖中生活自由自在，相互忘掉。与其赞誉唐尧而非难夏桀，就不如把两者的是非都忘掉而同化于大道。（大自然给我形体，用生使我操劳，用老使我清闲，用死使我安息。所以称善我生存的，也同样称善我的死亡。）

把船藏在山谷里，把山藏在湖泊中，可以

关于生死的名言

生死本是一条线上的东西。生是奋斗，死是休息。生是活跃，死是睡眠。（郭沫若）

有些路看起来很近走去却很远的，缺少耐心永远走不到头。（沈从文）

只要能培一朵花，就不妨做做会朽的腐草。（鲁迅）

人生的路上，有洁白芬芳的花，也有尖利的刺，但是自爱爱人的人儿会忘记了有刺只想着有花。（茅盾）

中国古代教育智慧

智者柏拉图

柏拉图（约公元前427—前347年），古希腊哲学家，他和老师苏格拉底、学生亚里士多德并称为古希腊三大哲学家。柏拉图出身于雅典贵族，青年时从师苏格拉底。苏氏死后，他游历四方，曾到埃及、小亚细亚和意大利南部从事政治活动，企图实现他的贵族政治理想。公元前387年活动失败后逃回雅典，在一所称为阿加德米的体育馆附近设立了一所学园，此后执教四十年，直至逝世。他一生著述颇丰，其教学思想主要集中在《理想国》和《法律篇》中。

说是牢固了。然而，夜半三更有力量的人却背它而走，睡觉的人还不知道哩。把小的藏在大的里面很得当，然而也会丢失。如果把天下藏到天下里就不能丢失了，这是万物所固有的本质。只要就范人的形体就那么高兴。其实人的形体，是千变万化而没有止境的，这也值得快乐，那快乐的事情是不可胜数的了。所以圣人将生活在各种事物都不会丢失的环境里而与万物共存亡。以少为善以老为善，以始为善以终为善，人们尚且加以效法，又何况那万物所联缀、各种变化所依托的"道"呢！

【故事】

小事件透露出大智慧

一

父子二人经过五星级饭店门口，看到一辆十分豪华的进口轿车。儿子不屑地对他的父亲说："坐这种车的人，肚子里一定没有学问！"父亲则轻描淡写地回答："说这种话的人，口袋里一定没有钱！"

二

晚饭后，母亲和女儿一块儿洗碗盘，父亲和儿子在客厅看电视。突然，厨房里传来打破盘子的响声，然后一片沉寂。儿子望着他父亲说道："一定是妈妈打破的。""你怎么知道？""她没有骂人。"

三

有两个观光团到日本伊豆半岛旅游,路况很坏,到处都是坑洞。其中一位导游连声抱歉,说路面简直像麻子一样。然而另一个导游却诗意盎然地对游客说:"诸位先生女士,我们现在走的这条道路,正是赫赫有名的伊豆迷人酒窝大道。"

四

同样是小学三年级的学生,在作文中说他们将来的志愿是当小丑。中国的老师斥之为:"胸无大志,孺子不可教也!"外国的老师则会说:"愿你把欢笑带给全世界!"

五

妻子正在厨房炒菜。丈夫在她旁边一直唠叨不停:"慢些!小心!火太大了!赶快把鱼翻过来!快铲起来!油放得太多了!""老公,"妻子脱口而出,"我懂得怎样炒菜。""你当然懂,老婆。"丈夫平静地答道:"我只是要让你知道,我在开车时,你在旁边喋喋不休时我的感觉如何。"

六

一辆载满乘客的公共汽车沿着下坡路快速前进着,有个人在后面紧紧地追赶这辆车。一位乘客从车窗中伸出头来对追车子的人说:"老兄!算啦,你追不上的!"

"我必须追上它。"这人气喘吁吁地说:"我是这辆车的司机!"

关于智慧的名言

智慧不是天公的恩赐,而是经验的结晶。(阿富汗)

智慧起源于愚蠢的废墟上。(美国)

智慧在市场上买不到。(土耳其)

使人发光的不是衣上的珠宝,而是心灵深处的智慧。(西班牙)

智慧越发达,人生就越是获得莫大的满足。(苏联)

一个智慧的头脑,能够拯救成千个头颅。(土耳其)

关于智慧的名言

没有人给我们智慧，我们必须自己找到它。（马塞尔·普钽鲁斯特）

一盎司自己的智慧抵得上一吨别人的智慧。（斯特恩）

靠智慧能赢得财产，但没人能用财产换来智慧。（贝·泰勒）

人的智慧就是快乐的源泉。（薄伽丘）

精神像乳汁一样可以养育人，智慧便是一只乳房。（雨果）

智慧的可靠标志就是能够在平凡中发现奇迹。（爱献生）

极端的命运是对智慧的真正检验，谁最能经得起这种考验，谁就是大智大慧。（坎伯兰）

七

甲："新搬来的邻居好可恶，昨天晚上三更半夜、夜深人静之时突然跑来猛按我家的门铃。"乙："的确可恶！你有没有马上报警？"甲："没有。我当他们是疯子，继续吹我的小喇叭。"

八

某日，张三在山间小路开车，正当他欣赏着美丽的风景时，突然迎面开来一辆货车，而且满口黑牙的司机还摇下窗户对他大骂一声："猪！"张三越想越纳闷，也越想越气，于是他也摇下车窗回头大骂："你才是猪！"才刚骂完，他便迎头撞上一群过马路的猪。

九

小男孩问爸爸："是不是做父亲的总比做儿子的知道得多？"爸爸回答："当然啦！"小男孩问："电灯是谁发明的？"爸爸说："是爱迪生。"小男孩又问："那爱迪生的爸爸怎么没有发明电灯？"

十

小明洗澡时不小心吞下一小块肥皂，他妈妈慌慌张张地打电话向家庭医生求助。医生说："我现在还有几个病人在，可能要半小时后才能赶过去。"小明妈妈说："在你来之前，我该做什么？"医生说："给小明喝一杯白开水，然后让他用力跳，这样你就可以让小明用嘴巴吹泡泡消磨时间了。"

【原文】

颜回问仲尼曰："孟孙才，其母死，哭泣无涕，中心不戚，居丧不哀。无是三者，以善处丧盖鲁国。固有无其实而得其名者乎？回壹怪之①。"

仲尼曰："夫孟孙氏尽之矣，进于知矣②，唯简之而不得，夫已有所简矣。孟孙氏不知所以生，不知所以死；不知就先，不知就后；若化为物，以待其所不知之化已乎③！且方将化，恶知不化哉？方将不化，恶知已化哉？吾特与汝，其梦未始觉者邪！且彼有骇形而无损心，有旦宅而无耗精④。孟孙氏特觉，人哭亦哭，是自其所以乃⑤。且也相与吾之耳矣，庸讵知吾所谓吾之非吾乎？且汝梦为鸟而厉乎天⑥，梦为鱼而没于渊。不识今之言者，其觉者乎，其梦者乎？造适不及笑⑦，献笑不及排⑧，安排而去化，乃入于寥天一⑨。"

《孔子的魅力》

【注释】

①孟孙才：人名，复姓孟孙。涕：泪水。中心：心中。戚：悲痛。三者：指上述"哭泣不涕""中心不戚""居丧不哀"的三种表现。固：竟，难道。壹：实在，确实。

②夫：这里代指孟孙才。进：胜，超过。

③就：趋近，追求。先：这里实指"生"，与下句"后"字实指"死"相应。若：顺。"若化"即顺应自然变化。

④骇形：指人死之后形体必有惊人的改变。心：精神，"损心"指情绪悲哀损伤心

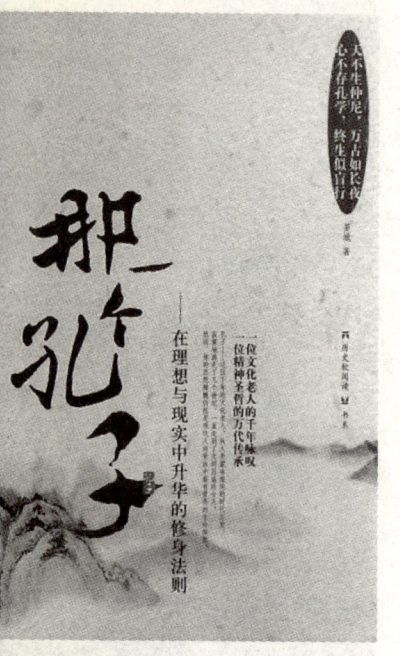

神。旦：日新，朝夕改变的意思。宅：这里喻指精神的寓所，即人的躯体。

⑤乃：通"尔"，如此的意思。

⑥戾：通"唳"，至、往的意思，这里实指鸟的飞翔。

⑦造：达到。适：快意。

⑧献：发。一说"献"通"戏"，"献笑"亦即戏笑。排：排解，消泄。

⑨安排：安于自然的推移。去化：忘却死亡的变化。寥：寂寥，虚空。

【译文】

颜回问孔子说："孟孙才，他的母亲死了，哭泣没有眼泪，心中不忧伤，守丧不哀痛。没有那三种表现，却以善于处理丧事而盖过鲁国的民众，难道无其实而得其名吗？我觉得实在奇怪。"

孔子说："孟孙氏已尽了居丧之礼，超过了懂得丧礼的人。想简办它而不能办到，他已经有所简办了。孟孙氏不知什么是生，也不知什么是死；不知贪生，不知怕死；如果已经化成为物，以期待他所不知道的变化而已！况且如今将要变化，怎能知道不变化呢？如今尚未变化，又怎能知道已经变化了呢？只拿我和你来说，对居丧的事恐怕都在梦幻之中还没有觉醒过来啊！孟孙氏认为死者形体虽发生了惊人的变化，但却没有因此而使心智受到伤害，有躯体的转化而没有精神的死亡。孟孙氏尤为清醒，别人哭他也哭，这就是他所以这样做的缘故。人们相互称说'这是我'。怎么知道我所谓'这是我'的所在呢!你梦做鸟在天空飞,梦做鱼在深水游。不知道如今说话的人,他是醒着呢,他还是做梦呢?造成适意时来不及笑,发出笑声来不及安排。听任自然的安排而随行变化,这就可以进入与空寂天道齐一的境界。"

【故事】

变通的夫子

有一次,孔夫子离开魏国,前往另外一个国家。夫子看到魏国的一位大臣正在那里制作大量的武器。夫子看到立刻就联想到,假如他们叛乱会有什么结果?一定是民不聊生。这个叛臣看到夫子已经发现了他的企图,就把夫子包围起来,不让他走。他对夫子说:"您要对天立誓,不把我的事说出去,我才放您走。"夫子说:"好,我答应你。"这样军队就撤掉了。撤掉以后,夫子立即对学生说:"走,回魏国,告诉国君。"子路就说:"夫子,你何以言而无信?"夫子就跟子路说:"在威胁之下的信用,可以不用遵守,而且纵使我去通告,我个人的信誉毁坏没有关系,只要千千万万的人民免于灾难就好。"所以,夫子可以舍外在虚幻的东西,而去成就人民真实的利益,这都是懂得如何去通权达变。

孔子讲学

中国古代教育智慧

孔子讲学图

【原文】

颜回曰:"回益矣①。"

仲尼曰:"何谓也?"

曰:"回忘礼乐矣②。"

曰:"可矣,犹未也。"

他日复见,曰:"回益矣。"

曰:"何谓也?"

曰:"回忘仁义矣。"

曰:"可矣,犹未也。"

他日复见,曰:"回益矣。"

曰:"何谓也?"

曰:"回坐忘矣③。"

仲尼蹴然曰④:"何谓坐忘?"

颜回曰:"堕肢体⑤,黜聪明⑥,离形去知⑦,同于大通,此谓坐忘。"

仲尼曰:"同则无好也,化则无常也⑧,而果其贤乎!丘也请从而后也。"

【注释】

①益:多,增加,进步。

②从整段文意推测,"仁义"当与后面的"礼乐"互换,忘掉"礼乐"进一步才可能是忘掉"仁义",但译文仍从旧述。

③坐忘:端坐静心而物我两忘。

④蹴(cù)然:惊奇不安的样子。

⑤堕:毁废。

⑥黜:退除。

⑦去:抛弃。

⑧无常:不偏执常理。

庄子的教育智慧

【译文】

颜回说:"我进步了。"

孔子问道:"你的进步指的是什么?"

颜回说:"我已经忘却礼乐了。"

孔子说:"好啊,不过还不够。"

过了几天颜回再次拜见孔子,说:"我又进步了。"

孔子问:"你的进步指的是什么?"

孔子与弟子骑马(雕塑)

颜回说:"我忘却仁义了。"

孔子说:"好啊,不过还不够。"

过了几天颜回又再次拜见孔子,说:"我又进步了。"

孔子问:"你的进步指的是什么?"

颜回说:"我'坐忘'了"。

孔子惊奇不安地问:"什么叫'坐忘'?"

颜回答道:"毁废了强健的肢体,退除了灵敏的听觉和清晰的视力,脱离了身躯并抛弃了智慧,从而与大道浑同相通为一体,这就静坐心空物我两忘的'坐忘'。"

孔子说:"与万物同一就没有偏私了,顺应变化就没有偏执了。你果真成了贤人啊!我作为老师也希望能追随你。"

安身立命之本

颜子要到西部游学，临行前来询问孔子说："怎么样才能安身立命呢？"

孔子告诉颜子说："只有四个字：恭敬忠信。"

颜子说："敢请夫子详细说一下。"

孔子说："恭就是把自己的心真诚地拿出来去对待别人，这样也就能避免被众人排斥；敬就是要使自己避免苟且而尊重别人，这样也就能得到人们的喜爱；忠就是从本心出发而且有分寸地去说话做事，这样也就能使人们愿意合作；信就是真诚而且讲信用，这样也就能使人觉得可以靠得住。能够得到众人的喜爱，人们愿意跟你合作，人们觉得你能靠得住，就一定能避免祸患了。"

颜子说："弟子铭记在心，今后就以此为座右铭来安身立命。"

孔子说："做到这四个字，去治理一个国家都可以，更何况个人的安身立命问题呢？"

【故事】

孔子的智慧教学

孔子带弟子们去游春，来到了泗水河畔。阳光普照着大地，泗水河边桃红柳绿，草色青青，春风习习。孔子的心情很不平静，就像他眼前的泗水，波澜起伏。活泼欢快的泗水从大山中滚滚而来，又不知疲倦地奔腾而去。孔子深情地望着泗水河，陷入了沉思。弟子们不知老师在看什么，都围拢过来。子路问道："老师在看什么呢？"孔子说："我在看水呀。""看水？"弟子们都用疑惑的眼光望着老师。子贡说："老师遇水必观，其中一定有道理，能不能讲给我们听听？"孔子凝望着泗水的绿波，意味深长地说："水奔流不息，是哺育一切生灵的乳汁，它好像有德行。水没有一定的形状，或方或长，流必向下，和顺温柔，它好像有情义。水穿山岩，凿石壁，从无惧色，它好像有志向。万物入水，必能荡涤污垢，它好像普施教化……由此看来，水真是真君子啊！"弟子们听了，无不惊讶。谁能料想，从司空见惯的流水中，老师竟能看出如此深奥的道理！

庄子的教育智慧

【原文】

子舆与子桑友,而霖雨十日①。子舆曰:"子桑殆病矣②!"裹饭而往食之③。至子桑之门,则若歌若哭,鼓琴曰④:"父邪?母邪?天乎?人乎⑤?"有不任其声而趋举其诗焉⑥。

子舆入,曰:"子之歌诗,何故若是?"

曰:"吾思夫使我至此极者而弗得也。父母岂欲吾贫哉?天无私覆,地无私载,天地岂私贫我哉?求其为之者而不得也。然而至此极者,命也夫!"

【注释】

①霖:阴雨三日以上。"霖雨"即连绵不断地下雨。

②殆:恐怕,大概。病:困乏潦倒。

③裹饭:用东西包着饭食。食之:给他吃。"食"字旧读去声。

④鼓琴:弹琴。

⑤以上四句,均为子桑探问自己的困乏是由谁造成的。

⑥任:堪。"不任其声"是说声音衰微,禁不住内心感情的表达。趋:急促。"趋举其诗"是说急促地吐露出歌词。

【译文】

子舆和子桑是好朋友,连绵的阴雨下了十日,子舆说:"子桑恐怕已经困乏而饿倒。"便包着饭食前去给他吃。来到子桑门前,就听见子桑好像在唱歌,又好像在哭泣,而且还弹着琴:"是父亲呢?还是母亲呢?是天呢?还

弹琴图

中国古代教育智慧

伯牙抚琴图

伯牙是春秋战国晋国人，著名的琴师，善弹七弦琴，技艺高超。既是弹琴能手，又是作曲家，被人尊为"琴仙"。《荀子·劝学篇》中曾讲"伯牙鼓琴而六马仰林"，可见他弹琴技术之高超。

是人呢？"声音微弱好像禁不住感情的表达，急促地吐露着歌词。

子舆走进屋子说："你歌唱的诗词，为什么像这样？"

子桑回答说："我在探寻使我达到如此极度困乏和窘迫的人，然而没有找到。父母难道会希望我贫困吗？苍天没有偏私地覆盖着整个大地，大地没有偏私地托载着所有生灵，天地难道会单单让我贫困吗？寻找使我贫困的东西可是我没能找到。然而已经达到如此极度的困乏，这是'命'啊！"

【故事】
伯牙与子期

现在我们常用"高山流水"或"流水高山"来比喻知己或知音，含有象征深厚友谊的意思。事实上，这个成语是从《列子·汤问》所记载的故事里概括出来的。这个故事发生在两千多年前的春秋战国时期。当时的楚国有个读书人，姓俞，名瑞，字伯牙。他还喜欢弹琴，从小跟一位名叫连城的先生学琴。伯牙天资聪颖，琴艺大进，但却很难捕捉到乐曲的神韵。

一日，老师对伯牙说："我带你去寻一个仙师点化点化，好吗？"

伯牙一口答应，高高兴兴地背着琴随老师

乘船来到东海蓬莱山，老师让他坐地休息，自己去找老师去了。

伯牙在这巍峨苍郁的山野之中，久等不见老师归来，便沿一条山路寻去。绕过一个山头之后，不想却有一幅奇景挂在眼前：真是云中飞瀑，雾中清泉，水花四溅如珍珠，激音回荡如仙乐。伯牙顿感天眼大开，灵感涌起，便席地而坐，抚琴而成妙曲。突然，他的身后传来老师的声音："哈哈，哈哈……仙师被你找到了。"

伯牙恍然大悟，原来老师所说的仙师就是大自然啊。

相传《水仙操》和《高山流水》这两首古琴曲都是伯牙那时创作的。从此，他的琴艺达到了炉火纯青的境界，但始终没能找到一个知音。

高山流水图

后来，俞伯牙到晋国做了大夫。一日，他奉命出使楚国。途中遇大风，只好在汉阳江口停留。待风平之后，一轮仲秋之月便从浮云中漫步而出。伯牙站立船头，仰视明月，俯视江面水波，琴兴大发，便抚琴而弹。一曲即终，忽然从草丛中跳出一个樵夫来，此人对伯牙的琴艺赞叹不已。

伯牙大惊，便问道："你会听琴，你能说出琴的优劣吗？"

樵夫接琴观之，答道："此琴叫瑶琴，是伏羲氏所造，取树中良材梧桐的中段做成。该树必高三丈三尺，截为三段，上段声音太清，

中国古代教育智慧

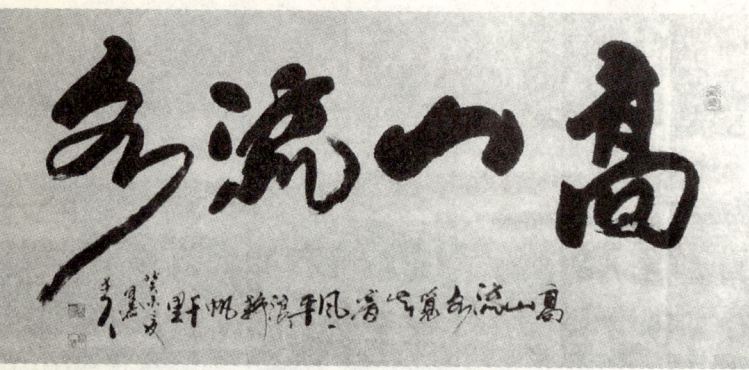

书法：高山流水

下段声音太浊，只有中段，清浊相济，轻重相兼。再把此木漫在水中七十二天，择吉日良时，凿成乐器。最初，此琴有五条弦，外按金、木、水、火、土，内按宫、商、角、徵、羽。后来，周文王添弦一根，称为文弦，周武王又添弦一根，称为武弦。因此，这琴又称文武七弦琴。"

伯牙听罢，心悦诚服，便又调弦抚琴，时而雄壮、高亢，时而舒畅、流利。樵夫时而曰："善哉，峨峨乎若泰山。"时而曰："善哉！洋洋乎若江河。"

伯牙大喜，推琴而起，施礼而问："天下贤士，请教高名雅姓？"樵夫还礼，说："在下姓钟，贱字子期。"伯牙叹曰："相识满天下，知心能几人。"即命童子焚香，燃烛，与子期结为兄弟。并相约来年仲秋再在此地相会。

第二年仲秋时节，伯牙如期而至，谁料想此时与好友却是阴阳相隔，子期已离他而去。伯牙在子期的坟前抚琴而哭，弹了一曲《高山流水》，曲终，以刀断弦，并仰天而叹："知己不在，我鼓琴为谁？"说毕，琴击祭台，琴破弦绝。后人感其事，就在汉阳龟山尾部月湖侧畔筑一琴台，以作纪念。

七、应帝王

【原文】

肩吾见狂接舆①。狂接舆曰:"日中始②何以语女?"

肩吾曰:"告我君人者以己出经式义度,人孰敢不听而化诸③?"

狂接舆曰:"是欺德也④。其于治天下也,犹涉海凿河,而使蚊负山也。夫圣人之治也,治外乎⑤?正而后行⑥,确乎能其事者而已矣。且鸟高飞以避矰弋之害⑦,鼷鼠深穴乎神丘之下,以避熏凿之患⑧,而曾二虫之无知⑨!"

【注释】

①肩吾:人名。接舆:楚国隐士陆通的字。

②日中始:庄子假托的又一寓言人物,为肩吾的老师。一说其人当为"中始","日"是一个时间词,往昔的意思。

③以己出:用自己的意志来推行。义:仪,法。"经式""仪度"这里都指法度。化诸:随之变化呢。

④欺德:欺诳的做法。

⑤治外:治理外表。庄子认为推行法度,只能治理社会的外在表象。

⑥正:指顺应本性。行:指推行教化。

⑦矰(zēng):系有丝绳用来弋射的短箭。弋(yì):用丝绳系在箭上射飞鸟。

奇石:庄子观鱼

中国古代教育智慧

威廉一世

威廉一世（1797—1888年），普鲁士国王和德意志帝国皇帝，全名是威廉·弗里德里希·路德维希，威廉一世是普鲁士国王腓特烈·威廉三世的第二子。1848年他成功地粉碎了针对其兄弗里德里希·威廉四世的政变，得到"霰弹亲王"的绰号。1857年，无子女的威廉四世中风，身体局部瘫痪，然后精神失常无法料理国事，1858年10月威廉亲王出任摄政。

⑧鼷(xī)鼠：小鼠。神丘：社坛。熏凿：指用烟熏洞，用铲掘地。

⑨曾：竟。

【译文】

肩吾拜会隐士接舆。接舆说："往日你的老师中始用什么来教导你？"

肩吾说："他告诉我，做国君的一定要凭借自己的意志来推行法度，人们谁敢不听从而随之变化呢？"

接舆说："这是欺诳的做法，那样治理天下，就好像徒步下海开凿河道，让蚊虫背负大山一样。圣人治理天下，难道去治理社会外在的表象吗？他们顺应本性而后感化他人，听任人们之所能罢了。鸟儿尚且懂得高飞躲避弓箭的伤害，老鼠尚且知道深藏于神坛之下的洞穴逃避熏烟凿地的祸患，而人竟然连这两种小动物本能地顺应环境也不了解！"

【故事】

磨坊主与皇帝

十九世纪德国皇帝威廉一世，雄才大略，也富于侵略性。在国内他喜欢走遍祖国大地，到处巡视。他派人在波茨坦盖了个行宫，盖完之后，他发现前面有个房子特别碍眼，正好把朝前看的视线挡住了。威廉皇帝很不高兴，马上找来他的内务大臣，知道那是个磨坊，他就说："问问磨坊主的意见，看他愿意不愿意把房子卖给我,咱们买下来拆掉。"结果内务大臣去交涉,想不到老磨坊主脖子一硬,坚决不卖,"那是祖宗传下来的财产,我的任务就是维护下来,一代一代传下去。皇帝要买我不卖,那是无价之宝。"皇帝说给他提高补偿标准,但他还是不卖。皇帝一生气,派宫廷卫队把房子给拆了。

拆房子的时候,老磨坊主站在旁边,说了下面几句话:"你做皇帝的当然权高势重,你可以拆我的房子。但是我德国尚有法院,这种不公平的事我必定诉之于法庭解决。"第二天,一纸控状送到德国地方法院,法院做出判决,皇帝必须"恢复原状",赔偿由于拆毁房子造成的损失,皇帝败诉。皇帝拿着这个判决书,只好苦笑几声,说:"我做皇帝有时候也会利令智昏,认为自己可以无所不为,幸亏我们国家还有这样的法官在,这种情况下判我败诉,这是多么可喜的事情。赶快,恢复原状。"房子又给盖起来了。

当然这个故事还没完,过了几年,老威廉死了,威廉二世登基,老磨坊主也死了,小磨坊主"登基"。小磨坊主想进城,但他手头特别拮据,想把房子卖了,突然想起他爸爸以前说过,这房子老皇帝想要,小皇帝会不会还想要呢?于是他写了封信给威廉二世,想把房子卖给他。威廉二世给他回了信,信是这样写的:"我亲爱的邻居,你的来信我已收到。听说你现在手头紧张,作为邻居我深表同情。你

德国人对待规则

一群德国大学生做了一个实验:在德国科隆一条街上的相邻的两个电话亭上,分别贴上"男""女"字样,然后躲在暗处观察。结果,他们看到有七八个德国男人在贴有"男"字的电话亭外排队,而贴有"女"字的电话亭却空着。中国人看了,可能觉得好笑。电话亭又不是厕所,分什么男女?这些德国人真傻!德国人严格的法律意识,尤其是程序法律意识确实是值得赞叹的。他们在不了解规则(即电话亭被临时分为男、女)的用意时,首先是遵守规则,即使怀疑它的合理性,那也是事后的事。正是由于德国人有这样严格的法律规则意识,尤其是程序规则意识,才使德国成为一个世界公认的法制相当完善、发达的国家。

说你要把磨坊卖掉,我以为万万不可。毕竟这间磨坊已经成为我德国司法独立的象征。理当世世代代保留在你磨坊主家的名下。至于你的经济困难,请务必理解我作为一个邻居的心情,我派人送去三千马克,请务必收下。如果你不好意思收的话,就算是我借给你的,解决你一时燃眉之急。你的邻居威廉二世。"

到现在,那个磨坊——德国司法独立的象征还巍然屹立在德国的土地上。

【原文】

阳子居见老聃①,曰:"有人于此,向疾强梁,物彻疏明,学道不倦②。如是者,可比明王乎?"

老聃曰:"是于圣人也,胥易技系③,劳形怵心者也④。且也虎豹之文来田⑤,猨狙之便来藉⑥。如是者,可比明王乎?"

阳子居蹴然曰⑦:"敢问明王之治。"老聃曰:"明王之治,功盖天下而似不自己⑧,化贷万物而民弗恃⑨;有莫举名⑩,使物自喜;立乎不测,而游于无有者也。"

【注释】

①阳子居:旧注指阳朱,战国时代倡导为我主义的哲学家。

②向:通"响",回声。"向疾"就是像回声那样迅疾敏捷。强梁:强干果决。这一句是说遇事果决,行动极快。彻:洞彻。疏明:通达明敏。

③胥:通"谞"(xǔ),智慧的意思,这里指

才女薛涛

薛涛的父亲叫薛郧,仕宦入蜀,死后,妻女流寓蜀中。薛涛姿容美艳,性敏慧,八岁能诗,洞晓音律,多才艺,声名倾动一时,和当时著名诗人元稹、白居易、张籍、王建、刘禹锡、杜牧、张祜等人都有唱酬交往。薛涛居住在浣花溪上,自造桃红色的小彩笺,用以写诗,后人仿制,称为"薛涛笺"。晚年好作女道士装束,建吟诗楼于碧鸡坊,在清幽的生活中度过晚年。王建《寄蜀中薛涛校书》诗称道:"万里桥边女校书,枇杷花里闭门居。扫眉才子知多少,管领春风总不如。"

具有一定才智的小官吏。易：改，这里指供职办事。系：系累。

④劳形：使身体劳苦。怵(chù)心：心里感到恐惧、害怕。

⑤文：纹，这里指具有纹饰的皮毛。来：使……来，这个意义后代又写作"徕"。田：打猎，这个意义后代写作"畋"。"来田"就是招徕打猎人的围捕。

⑥猿(yuán)狙(jū)：猕猴。便：便捷。藉：用绳索拘系。

⑦蹴(cù)然：惊惶不安而面容改变的样子。

⑧自己：出自自己。

⑨化：教化。贷：推卸，施及。恃：依赖。

⑩举：称述。

【译文】

阳子居拜见老聃，说："倘若现在有这样一个人，他办事迅疾敏捷、强干果决，对待事物洞察准确、了解透彻，学'道'专心勤奋从不厌怠。像这样的人，可以跟圣哲之王相比而并列吗？"

老聃说："这样的人在圣人看来，只不过就像聪明的小吏供职办事时为技能所拘系、劳苦身躯担惊受怕的情况。况且虎豹因为毛色美丽而招来众多猎人的围捕，猕猴因为跳跃敏捷而招致绳索的拘缚。像这样的动物，也可以拿来跟圣哲之王相比而并列吗？"

阳子居听了这番话脸色顿改，不安地说：

庄子的教育智慧

薛涛

薛涛（约768—832年），唐代女诗人，字洪度。长安（今陕西西安）人。

中国古代教育智慧

唐朝女性服饰

"冒昧地请教圣哲之王怎么治理天下。"老聃说："圣哲之王治理天下，功绩普盖天下却又像什么也不曾出自自己的努力，教化施及万物而百姓却不觉得有所依赖；功德无量没有什么办法称述赞美，使万事万物各居其所而欣然自得；立足于高深莫测的神妙之境，而生活在什么也不存在的世界里。"

【故事】

路不拾遗，夜不闭户

唐朝是我国历史上有名的盛世朝代，第二代皇帝唐太宗李世民更是历史上赫赫有名的圣君。他的治国思想和故事历来为人们津津乐道，而当时的社会风尚尤为人们向往。《资治通鉴》中有一则关于唐代社会风气的记载。

有一天，唐太宗与群臣议论怎样禁止盗贼。有人请求使用严厉的刑法来制止，皇上微笑着说："老百姓之所以去做盗贼，是由于赋税太多，劳役、兵役太重，官吏们又贪得无厌，老百姓吃不饱，穿不暖，这是切身的问题，所以也就顾不得廉耻了。我们应当去掉奢侈，节省开支，减轻徭役，少收赋税，选拔和任用廉洁的官吏，使老百姓穿的吃的都有富余，那么他们自然就不会去做盗贼了，何必要用严厉的刑法呢？"

在唐太宗这种治国理念下，唐朝形成了路不拾遗，夜不闭户的社会风气。没有人把别人掉在路上的东西拾了据为己有，白天晚上各家的大门可以不关,商人和旅客可以露宿。

《旧唐书》中记载了一件事,说的是贞观四年时,唐太宗李世民将全国二百九十名死囚放回家过年,约定年后回来归狱。结果,所有死囚全部按时归狱,唐太宗因此释放了这些囚犯。

这不是孤立和偶然的,是和当时"路不拾遗,夜不闭户"的社会道德风貌和民众文明素养相呼应。

【原文】

无为名尸①,无为谋府②;无为事任③,无为知主。体尽无穷④,而游无朕⑤;尽其所受乎天,而无见得⑥,亦虚而已⑦。至人之用心若镜,不将不迎⑧,应而不藏,故能胜物而不伤⑨。

【注释】

①名:名誉。尸:主,引申指寄托的场所。
②谋府:出谋划策的地方。
③任:负担。
④体:体验、体会,这里指潜心学道。
⑤朕(zhèn):迹。
⑥见(xiàn):表露。
⑦虚:指心境清虚淡泊,忘却自我。
⑧将:送。"不将不迎"指照物之影听之任之,来的即照,去的不留。
⑨胜物:指足以反映事物。

【译文】

不要成为名誉的寄托,不要成为谋略的场

庄子的教育智慧

李商隐

李商隐(约812—约858年),字义山,号樊南生,晚唐著名诗人。祖籍怀州河内(今河南沁阳市),生于河南荥阳(今郑州荥阳)。诗作文学价值很高,他和杜牧合称"小李杜",与温庭筠合称为"温李"。在《唐诗三百首》中,李商隐的诗作有二十二首被收录,位列第四。其诗构思新奇,风格浓丽,尤其是一些爱情诗写得缠绵悱恻,为人传诵。

中国古代教育智慧

狄仁杰

狄仁杰（630—700年），字怀英，唐代并州太原（今山西太原）人。武则天时期宰相，杰出的政治家。狄仁杰为官，如老子所言"圣人无常心，以百姓心为心"，为了拯救无辜，敢于拂逆君主之意，始终保持体恤百姓、不畏权势的本色，始终居庙堂之上，以民为忧，后人称之为"唐室砥柱"。

所；不要成为世事的负担，不要成为智慧的主宰。潜心地体验真源而且永不休止，自由自在地游乐而不留下踪迹；任其所能禀承自然，从不表露也从不自得，也就心境清虚淡泊而无所求罢了。修养高尚的"至人"心思就像一面镜子，对于外物是来者即照去者不留，应合事物本身从不有所隐藏，所以能够反映外物而又不因此损心劳神。

【故事】

裴子云巧断案

唐代裴子云是一个十分具有智慧和人情味的官员。他在新乡当县令的时候，境内有个老百姓王恭被征召守卫边疆，临行时把六头母牛留在了舅舅李瑍家。五年之间，六头母牛共生了三十头小牛。王恭退役回乡，向舅舅要还母牛，李瑍说："六头母牛，有两头已经死了。"只归还了王恭四头老母牛。王恭到县衙提出诉讼，裴子云就把他关进了监牢，又命令衙役传唤李瑍。李瑍来到县衙，裴子云厉声对他说："有个盗贼供认同你合伙盗了三十头牛，藏在你的庄上。"又掉转头对衙役说："把盗贼带上来和他当面对质！"于是用布衫蒙住王恭的头，让他站在南墙根前，同时命令李瑍赶快如实招供。李瑍于是说："三十头牛都是外甥王恭的母牛所生，实在不是盗来的。"裴子云命令去掉王恭头上的布衫。李瑍吃惊地说："这是外甥王恭！"裴子云说：

"马上还牛,你还有什么话好说!"李琎只是沉默不语。裴子云又对李琎说:"养牛五年也很辛苦,为此特送你五头牛作为酬劳,余下的归还王恭。"听说这件事的人,没有不对裴子云表示叹服的。

裴子云所使用的诈伪之术,他故意造成李琎与人合伙偷牛的假象,就是为了让李琎自我辩解,从而不得不吐露实情。李琎申辩自己庄上只有外甥的牛,而没有偷盗的牛,这就给还牛奠定了基础。最让人感慨的是裴子云要求偿还辛苦的部分,充满了浓厚的人情味,也是人们对裴子云表示叹服的主要原因。

唐代仕女画

【原文】

南海之帝为儵,北海之帝为忽,中央之帝为浑沌①。儵与忽时相与遇于浑沌之地,浑沌待之甚善。儵与忽谋报浑沌之德,曰:"人皆有七窍以视听食息②,此独无有,尝试凿之。"日凿一窍,七日而浑沌死。

【注释】

①儵(shū)、忽、浑沌:都是虚拟的名字,但用字也是有寓意,"儵"和"忽"指急匆匆的样子,"浑沌"指聚合不分的样子,一指人为的,一指自然的,因此"儵""忽"寓指有为,而"浑沌"寓指无为。

②七窍:人头部的七个孔穴,即两眼、两

中国古代教育智慧

唐代含元殿复原图

耳、两鼻孔和嘴。

【译文】

南海的大帝名叫儵，北海的大帝名叫忽，中央的大帝叫浑沌。儵与忽常常相会于浑沌之处，浑沌款待他们十分丰盛，儵和忽在一起商量报答浑沌的深厚情谊，说："人人都有眼耳口鼻七个窍孔用来视、听、吃和呼吸，唯独浑沌没有，我们试着为他凿开七窍。"他们每天凿出一个孔窍，凿了七天浑沌也就死去了。

【故事】

因材施教的孔子

孔子是我国春秋战国时期的伟大思想家和教育家。他一生诲人不倦，深受学生们的尊敬。

有一次，他的学生子路请教他："如果听到我认为好的意见就马上去做，这样对吗？"孔子严肃地告诉他："这样不对，你做事不能自以为是，应该听听长辈们的意见才对。"

又过了几天，孔子的一个学生冉有也向孔子请教了同样的问题，孔子听后，竟立即赞同地说："当然对了，只要听到好的意见就应该马上去做。"

一直跟随在孔子身边的学生公西华看到老师在回答一个问题时，却有不同的两种答案，对此很不理解，就问孔子："先生，您为什么要这样回答他们呢？"孔子笑着对公西华讲："因为冉有平时做事谨小慎微，顾虑重重，所以我要鼓励他勇往直前，让他听到好的意见后就马上去做。而子路却不同，他虽然勇敢，但做事鲁莽，所以我要教他处事冷静一点儿，稳重一点儿，多听长辈的意见，三思而后行。"

公西华听后，对老师这种因材施教的做法佩服不已。

无为而治的舜

由于舜品德高尚，尧派他来管理天下。

当时中原到处是洪水，以前尧派鲧去治理洪水，九年后失败了，舜就派鲧的儿子禹去治水。禹果然不负众望，十三年后平息了洪水。舜和尧一样，对老百姓很宽厚，多采用象征性的惩罚，犯了该割掉鼻子罪的人，让穿上赫色衣服来代替；应该砍头的人只许穿没有领子的布衣。为了让老百姓懂得乐舞，舜派夔到各地去传播音乐。有人担心夔一个人不能担当重任，舜说："音乐之本，贵在能和。像夔这样精通音律的人，一个就足够了。"夔果然出色地完成了任务。

孔子赞叹道："无为而治，说的正是舜啊！他自己需要做的，就是安安静静坐着而已。"

八、胠箧

【原文】

故曰："鱼不可脱于渊，国之利器不可以示人。"彼圣人者，天下之利器也，非所以明天下也。故绝圣弃知，大盗乃止；掷玉毁珠①，小盗不起；焚符破玺，而民朴鄙②；掊斗折衡③，而民不争；殚残天下之圣法④，而民始可与论议。擢乱六律，铄绝竽瑟，塞师旷之耳，而天下始人含其聪矣⑤；灭文章，散五采，胶离朱之目，而天下始人含其明矣⑥；毁绝钩绳而弃规矩，攦工倕之指，而天下始人含其巧矣⑦。削曾史之行，钳杨墨之口，攘弃仁义，而天下之德始玄同矣⑧。彼人含其明，则天下不铄矣；人含其聪，则天下不累⑨矣；人含其知，则天下不惑矣；人含其德，则天下不僻矣。彼曾、史、杨、墨、师旷、工倕、离朱，皆外立其德而以爚乱天下者也，法之所无用也⑩。

【注释】

①掷：抛掷、扔。

②朴：敦厚朴实。鄙：固陋无知。

③掊（pǒu）：破，打碎。

④殚（dān）：耗尽。残：毁坏。

⑤擢（zhuó）：拔掉。铄（shuò）：销毁。绝：折断。竽瑟：两种古乐器之名，这里泛指乐器。瞽旷：即师旷。因其眼瞎，所以又叫他"瞽旷"。含：保全。

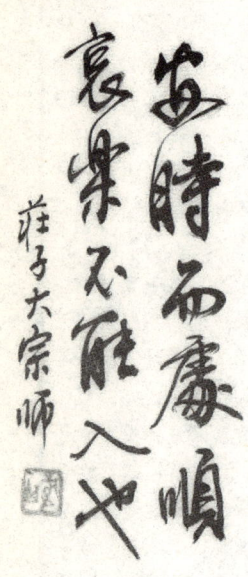

庄子语录

⑥文章：文彩，花纹。五采：即五色。

⑦挤(lǐ)：折断。工倕(chuí)：传说中的能工巧匠。有：保有。此处"有"字很可能是"含"字之误。

⑧攘：推开，排除。玄：黑，幽暗；"玄同"即混同。

⑨累：忧患。

⑩外立：在外表上树立，即对人炫耀之意。爚(yuè)：炫耀。"爚乱"就是迷乱的意思。法：这里指圣智之法，一说"法"即"大道"。

庄子的教育智慧

《墨子救宋》插图

【译文】

所以说："鱼不可离开深渊，国家的利器不可以随便耀示于人。"那些圣人就是天下的利器，不可以明示于天下。所以，断绝圣人摒弃智慧，大盗就能中止；丢弃玉器毁坏珠宝，小的盗贼就会消失；焚烧符记破坏玺印，百姓就会朴实浑厚；打破斗斛折断秤杆，百姓就会没有争斗；尽毁天下的圣人之法，百姓方才可以谈论是非和曲直。搅乱六律，毁折各种乐器，并且堵住师旷的耳朵，天下人方能保全他们原本的听觉；消除纹饰，离散五彩，粘住离朱的眼睛，天下人方才能保全他们原本的视觉；毁坏钩弧和墨线，抛弃圆规和角尺，弄断工倕的手指，天下人方才能保有他们原本的智巧。削除曾参、史䲡的忠孝，钳住杨朱、墨翟善辩的嘴巴，摒弃仁义，天下人的德行方才能

中国古代教育智慧

荀攸

荀攸（157年—214年），字公达，颍川颍阴（今河南许昌）人，三国时期魏臣，荀彧之侄，曹操的重要谋士之一。

混同而齐一。人人都保有原本的视觉，那么天下就不会出现毁坏；人人都保有原本的听觉，那么天下就不会出现忧患；人人都保有原本的智巧，那么天下就不会出现迷惑；人人都保有原本的秉性，那么天下就不会出现邪恶。那曾参、史䲡、杨朱、墨翟、师旷、工倕和离朱，都外露并炫耀自己的德行，而且用来迷乱天下之人，这就是圣治之法没有用处的原因。

【故事】

智者荀攸

荀攸出身于士族家庭，为人善良端正，富有智谋。荀攸从小失去父母，是跟着祖父和叔父长大的。他外表虽愚钝懦弱，内心却机智勇敢。

十三岁的时候，祖父去世。过去祖父手下一个叫张权的官吏，主动找来要求为祖父守孝。荀攸对叔父说："这个人脸上的神色反常，我猜他是做了什么奸猾的事情！"叔父就趁机盘问，果然张权是因杀了人，逃亡在外，想以守墓藏身。

这件事传了出去，大家对荀攸都另眼相看。后来荀攸在朝廷做了黄门侍郎。董卓作乱，荀攸参与了谋划杀死董卓的事件，被关入狱。董卓被除掉后，荀攸才出狱。

曹操迎献帝并定都许昌之时，极力寻访天下英才，他给荀攸写去一封书信。信中说："今天下大乱，这正是有智谋的人大显身手的好时机！您是人中龙凤，应该趁此机会有所作为，然而您却驻留在荆州顾盼观望，耽误的时光是不是太久了？"

荀攸觉得曹操是个可以与之共事的人，便甘愿为其所用。曹操得到了他，经常高兴地对人夸奖荀攸说："公达不是一般的人！我能够得与他议事，天下有什么可忧虑的呢！"

在曹操的众多谋士中，荀攸的地位仅次于荀彧，也是贡献最大的之一。

建安三年（公元198年），荀攸随曹操征讨张绣。荀攸看出当时的形势对曹操很不利，就对曹操说："张绣与刘表联合，互为犄角之势，但是张绣人马靠刘表供给，时间一久，刘表力不能支，必然与张绣分裂。我不如缓兵以待其变；若急切进攻，刘表必拼死相救，我军不易取胜。那时就会形成进退维谷之势。"

曹操没听劝告，出兵对张绣作战，刘表果然发兵相救，曹军失利，曹操几乎死在那里。

后来，曹操十分后悔地对人说："这都是不听荀攸话的结果啊！"从此对荀攸言听计从，甚为倚重，再也不敢轻易否定他的意见了。

曹操征伐吕布时，荀攸随军。吕布在曹操和刘备等各路军队的围攻下，败退后固守下邳，虽经过多次进攻，曹军仍攻不下城池，这时曹操的军队已经疲惫不堪了，曹操想撤兵回宛城。荀攸坚决反对，他说："吕布虽然勇敢，但无计谋，如今他三战三败，锐气大减，虽在固守，军队已没有奋斗的意志了，如果再坚持一段时间，敌人就会不攻自败。吕布手下

曹操

对酒当歌，人生几何？
譬如朝露，去日苦多。
慨当以慷，忧思难忘。
何以解忧？唯有杜康。
青青子衿，悠悠我心。
但为君故，沉吟至今。
呦呦鹿鸣，食野之苹。
我有嘉宾，鼓瑟吹笙。
明明如月，何时可掇？
忧从中来，不可断绝。
越陌度阡，枉用相存。
契阔谈䜩，心念旧恩。
月明星稀，乌鹊南飞，
绕树三匝，何枝可依？
山不厌高，海不厌深。
周公吐哺，天下归心。

——曹操《短歌行》

虽然有陈宫那样的谋士，但他设谋迟慢，不能适应形势的变化。我们应当赶在吕布的锐气尚未恢复、陈宫的计谋尚未设定的时刻，想法紧急攻击，这样，吕布一定能被攻破。"

于是荀攸献了水淹之策。

曹军引沂水灌进下邳城，大水冲垮了城墙，吕布军队不战而垮，吕布被活捉，缢死白门楼。

对于这次战斗，曹操觉得自己完全是依仗荀攸的计谋才成功的，连连称赞荀攸："即使是颜子、宁武这样的古代大圣贤，也无非如此！"

建安十九年（公元214年），荀攸在跟从曹操征孙权的路上去世。曹操每次说起他就想哭。荀攸与钟繇交厚，钟繇说："我每有所行，反覆思惟，自谓无以易；以咨公达，辄复过人意。"荀攸前后设奇策共十二计，只有钟繇知道。钟繇整理未全就去世了。

王将军求财

战国末期秦国大将王翦奉命出征。出发前他向秦王请求赐给良田房屋。秦王说："将军放心出征，何必担心呢？"王翦说："做大王的将军，有功最终也得不到封侯，所以趁大王赏赐我临时酒饭之际，我也斗胆请求赐给我田园，作为子孙后代的家业。"秦王大笑，答应了王翦的要求。王翦到了潼关，又派使者回朝请求良田。秦王爽快地应允。手下心腹劝告王翦。王翦支开左右，坦诚相告："我并非贪婪之人，因秦王多疑，现在他把全国的部队交给我一人指挥，心中必有不安。所以我多求赏赐田产，名为子孙计，实为安秦王之心。这样他就不会怀疑我造反了。"

九、天地

【原文】

天地虽大，其化均也；万物虽多，其治一也①；人卒虽众，其主君也。君原于德而成于天②，故曰，玄古之君天下，无为也，天德而已矣③。

以道④观言，而天下之名正；以道观分⑤，而君臣之义明；以道观能，而天下之官治；以道泛⑥观，而万物者应备。故通于天者，道也；顺于地者，德也；行于万物者，义也；上治人者，事⑦也；能有所艺者，技也。技兼于事，事兼于义，义兼于德，德兼于道，道兼于天⑧，故曰：古之畜天下者，无欲而天下足，无为而万物化，渊静而百姓定⑨。记⑩曰："通于一而万事毕，无心得而鬼神服。"

【注释】

①治：这里指万物各居其位，各有所得。

②原：本原。德：自得，即从道的观念出发对待自我和对待外物的顺任态度。

③玄古：遥远的古代。君：用如动词，"君天下"即君临天下，统驭天下。天德：听任自然，顺应自得。

④道：庄子笔下的"道"常常包含两个重要方面：一是大千世界万事万物，归根结底是没有区别的，齐一的；一是事物的发展和变化有其自身的规律，非人为所能改变。这里侧重

王翦

王翦，生卒年不详，频阳东乡（今陕西省富平县东北）人，秦代杰出的军事家，是继白起之后秦国的又一位名将。与其子王贲在辅助秦始皇统一六国的战争中立有大功，除韩之外，其余五国均为王翦父子所灭。

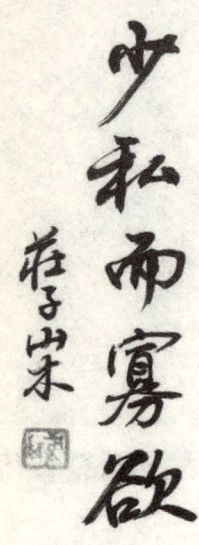

后一含意。言：名，称谓；古人认为能言者必须名分正，名分正方才有谈论的可能。

⑤分：职分。

⑥备：全，自得而又自足的意思。

⑦事：指万事万物因其本性，各施其能。

⑧兼：并同，合于；这里含有归向的意思。

⑨畜：养育。渊：水深的样子。渊静，指深沉清静，不扰乱人心。

⑩记：旧注指一书名，为老子所作，但已不可考。

【译文】

天和地虽然很大，不过它们的运动和变化却是均衡的；万物虽然纷杂，不过它们各得其所，归根结底却是同一的；百姓虽然众多，不过他们的主宰却都是国君。国君管理天下要以顺应事物为根本而成事于自然，所以说，遥远的古代君主统驭天下，一切都出自无为，即听任自然、顺其自得罢了。

用道的观点来看待称谓，那么天下所有的国君都是名正言顺的统治者；用道的观点来看待职分，那么君和臣各自承担的道义就分明了；用道的观念来看待才干，那么天下的官吏都尽职尽力；从道的观念广泛地观察，万事万物全都自得而又自足。所以，贯穿于天地的是顺应自得的"德"；通行于万物的是听任自然的"道"；善于治理天下的是各尽其能各任其事；能够让能力和才干充分发挥的就是各种技巧。技巧归结于事务，事务归结于义理，义理归结于顺应自得的"德"，"德"归结于听任自然的"道"，听任自然的"道"归结于事物的自然本性。所以说，古时候养育天下百姓的统治者，无所追求而天下富足，无所作为而万物自行变化发展，深沉宁寂而人心安定。《记》这本书上说："通晓大道因而万事自然完满成功，无心获取因而鬼神敬佩贴服。"

【故事】

晏子谈治国之患

有一次，齐景公问晏子"依你看，治理一个国家，首先要除掉的最大祸患是什么？"晏子沉思片刻后，回答说："我想，应该是土地庙里的老鼠。"齐景公不解地问："此话怎讲？"于是，晏子就不紧不慢地仔细道来。

土地庙是人们用来供奉土地神的场所。为了祈求神灵保佑人间四季平安，五谷丰登，人们在修建土地庙时十分虔诚和卖力，他们首先在四周用许多木条编成一座围墙，并且盖上屋顶，然后抹上黄泥，使其牢固保暖，不怕风吹雨打。谁知早已被人们追打得无处藏身的老鼠发现了这一处所之后，竟成群结伙地搬进了土地庙来安营扎寨。它们在庙内打洞做窝，繁衍后代，还要偷吃人们用来祭祀土地神的各种供品，直闹得四邻八舍不得安宁。

人们恨透了这帮害人的老鼠，总想除掉它们，但又苦于找不到一种恰当的方法。用烟火

晏子出使图

晏婴（前595年—前500年），字仲，谥平，习惯上多称平仲。山东高密人，春秋后期一位重要的政治家、思想家、外交家。以有政治远见和外交才能，作风朴素闻名诸侯。他爱国忧民，敢于直谏，在诸侯和百姓中享有极高的声誉。他博闻强识，善于辞令，主张以礼治国，曾力谏齐景公轻赋省刑，汉代刘向《晏子春秋》叙录，曾把晏子和春秋初年的著名政治家管仲相提并论。

出使不受辱

有一次，晏婴奉命出使楚国。楚灵王听说晏婴要来，便对大臣们说："晏子是齐国能言善辩的大臣，名气很大，但却是个矮子，我要当面羞辱他一番，让他领教一下我们楚国的厉害。"于是，楚灵王命人连夜在城门旁开了一个五尺来高的小门，吩咐守城士兵待齐国使臣到来时把大门关上，让他由小门进城。第二天清晨，晏婴一行来到城门下，见城门紧闭，便把车停了下来，派人去叫门。一个守城士兵说："听说齐使身材矮小，可从城边的小门入城，故而未开大门。"晏婴淡淡一笑，用手指着那个小门大声说道："出使狗国的人才从狗门进去。如今我出使楚国，不应该从这个门进去吧？"楚使礼宾官见势不妙，只好改道，让晏婴从大门入城。

去熏老鼠洞吧，但人们害怕会因此引燃了四面筑墙的木条，这将使土地庙化成一片灰烬；用水去淹灌老鼠洞吧，又怕浸脱了涂在墙上的黄泥巴，从而使庙墙坍塌。由于顾虑太多，左右为难，所以土地庙里的老鼠不仅没能消灭，反而越来越多，越来越猖狂。

说到这里，晏子打量了一下齐景公，只见他正在洗耳恭听，若有所思。于是，晏子乘机将话锋一转，直言道："其实，一个国家也会有这样害人的老鼠，他们就是那些国君所亲信的小人！这些小人对国君刻意逢迎，报喜不报忧，其目的就是为了寻求庇护；而他们对待臣民百姓的态度，则是欺压盘剥，无恶不作，仗势横行，不可一世。老百姓对这帮害人虫敢怒而不敢言，因为在他们的背后有国君这顶保护伞啊！所以，我认为，要想治理好一个国家，首先国君就要下决心，亲手除掉这些土地庙里的老鼠！"

晏子所讲的这个寓言说明，有些地方的坏人坏事如果得不到有效的打击和遏制，就需要仔细查一查他们背后是不是有什么庇护者。

十、天道

【原文】

庄子曰:"吾师乎!吾师乎①!赍万物而不为戾,泽及万世而不为仁,长于上古而不为寿,覆载天地刻雕众形而不为巧,此之谓天乐②。故曰:'知天乐者,其生也天行③,其死也物化④。静而与阴同德,动而与阳同波⑤。'故知天乐者,无天怨,无人非,无物累,无鬼责。故曰:'其动也天,其静也地,一心定而天下正⑥;其魄不祟⑦,其魂不疲,一心定而万物服。'言以虚静推于天地,通于万物,此之谓天乐。天乐者,圣人之心,以畜天下也⑧。"

【注释】

①师:比喻天道,庄子以天道为师,重复申说,表示衷心赞叹。

②戾:暴戾。长:年长。寿:长寿。道是无始无终的,永恒的,说它比上古还要年长,只是一个比喻。刻雕众形:比喻道创生万物的多种形态,好像匠人雕刻出各种物形。

③天行:天道之运行。

④物化:物象之幻化,认为人死不过是由一种物幻化成另一种物,就像庄周梦中化成蝴蝶,醒来又成庄周一样。

⑤波:扩展。

黄帝轩辕氏

根据中国史书的记载,黄帝在炎帝之后,统一了中国各部落。他推算历法;教导百姓播种五谷;兴文字;作干支,制乐器,创医学;发明天文、阴阳五行、十二生肖、甲子纪年、图画、著书、音律、祭祀、婚丧、棺椁、坟墓、祭鼎、祭坛、祠庙、占卜等,还建立了古国体制,划野分疆。

中国古代教育智慧

帝舜

舜名重华，又称虞舜，建国号有虞，都蒲阪。按先秦时代以国为氏的习惯，故称有虞氏帝舜。尧死以后，舜在政治上又有一番大的兴革。命禹担任司空，治理水土；命弃担任后稷，掌管农业；命契担任司徒，推行教化；命皋陶担任"士"，执掌刑法；命垂担任"共工"，掌管百工；命益担任"虞"，掌管山林；命伯夷担任"秩宗"，主持礼仪；命夔为乐官，掌管音乐和教育；命龙但任"纳言"，负责发布命令，收集意见。还规定三年考察一次政绩。

⑥其动也天：其动时无心无为，循性自如，如同天道之运行。这句是说，持守心之虚静无为，就可以为天下王。

⑦祟，祸。其魄不祟：其为助词，表强调义，强调鬼神也不能带来灾祸。

⑧以：用。畜，养。天乐指圣人执守虚静无为，达到的与天地为一、与变化同体的道德境界，圣人将其推行于天地万物，用它来畜养天地万物。

【译文】

庄子说："我的宗师啊！我的宗师啊！碎毁万物不算是暴戾，恩泽施及万世不算是仁爱，生长于远古不算是寿延，覆天载地、雕刻众物之形不算是智巧，这就叫做天乐。所以说：ّ通晓天乐的人，他活在世上顺应自然地运动，他离开人世混同万物而变化。平静时跟阴气同宁寂，运动时跟阳气同波动。'因此体察到天乐的人，不会受到天的抱怨，不会受到人的非难，不会受到外物的牵累，不会受到鬼神的责备。所以说：ّ运动时合乎自然的运行，静止时犹如大地一样宁寂，内心安定专一统驭天下；形体没有病患，精神不会疲乏，内心专一安定，万物无不折服归附。'这些话就是说把虚空宁静推及到天地，通达于万物，这就叫做天乐。所谓天乐，就是圣人的爱心，用以养育天下人。"

【故事】

仁爱的回报

欧洲别墅

有位孤独的老人，无儿无女又体弱多病，他决定搬到养老院，于是宣布出售他漂亮的住宅。

这是所有名的住宅，购买者闻讯蜂拥而至。住宅的底价是八万英镑，但人们很快就把它炒到十万英镑，而且价钱还在不断攀升。要不是健康状况不行了，老人是不会卖掉这栋他度过大半生的住宅的。连日来，购买者没有一个如他所愿。老人深陷在沙发里，满目忧郁。

后来，一个衣着朴素的青年来到老人面前，弯下腰低声说："先生，我也想买这栋住宅，可我只有一万英镑。""但是，它的底价就是八万英镑。"老人淡淡地说。"如果您把住宅卖给我，我保证会让您依旧生活在这里，和我一起喝茶、读报、散步，相信我，我会用整颗心照顾您！"青年人恳切地说。

老人站起来，挥手示意人们安静下来。"朋友们，这栋住宅的新主人已经产生了，就是这位小伙子！"

青年不可思议地赢得了经济上的胜利，梦想成真。

是的，现实生活中，有的人为了能赚到钱，出卖自己的人格、思想，甚至灵魂，但这个故事却让我们懂得了，实现梦想不是靠冷酷的厮杀和欺诈。其实，真正让一个人成为大赢家的，往往是那颗仁爱之心。

郑板桥送贼诗

清代书画家郑板桥年轻时家里很穷。因为无名无势,尽管字画很好,也卖不出好价钱。家里什么值钱的东西都没有。

一天,郑板桥躺在床上,忽见窗纸上映出一个鬼鬼祟祟的人影,郑板桥想,一定是小偷光临了,我家有什么值得你拿呢?便高声吟起诗来:"大风起兮月正昏,有劳君子到寒门!诗书腹内藏千卷,钱串床头没半根。"小偷听了,转身就溜。郑板桥又念了两句诗送行:"出户休惊黄尾犬,越墙莫碍绿花盆。"小偷慌忙越墙逃走,不小心把几块墙砖碰落地上,郑板桥家的黄狗直叫着追住小偷就咬。郑板桥披衣出门,喝住黄狗,还把跌倒的小偷扶起来,一直送到大路上,作了个揖,又吟送了两句诗:"夜深费我披衣送,收拾雄心重作人。"

十一、刻意

【原文】

刻意尚行,离世异俗,高论怨诽,为亢而已矣①;此山谷之士,非世之人,枯槁赴渊者之所好也②。语仁义忠信,恭俭推让,为修③而已矣;此平世之士,教诲之人,游居学者之所好也④。语大功,立大名,礼君臣,正上下,为治而已矣;此朝廷之士,尊主强国之人,致功并兼者之所好也⑤。就薮泽,处闲旷,钓鱼闲处,无为而已矣⑥;此江海之士,避世之人,闲暇者之所好也。吹呴⑦呼吸,吐故纳新,熊经鸟申⑧,为寿而已矣;此道引之士,养形之人,彭祖寿考者之所好也⑨。

若夫不刻意而高,无仁义而修,无功名而治,无江海而闲,不道引而寿,无不忘也,无不有也,澹然无极而众美从之⑩。此天地之道,圣人之德也。

【注释】

①刻意:克制意欲。尚行:使行为高尚。离世异俗:与世俗相离相异,截然与众不同。怨诽:怨愤讥刺世之无道。亢(kàng):高。

②山谷之士:隐居深山穷谷之隐士。非世,以世道为非。枯槁:身体被烧成焦枯状。如介之推等人,为坚持一己之见,自命清高,隐居不出而被烧死。赴渊:投水而死。如申徒狄、务光、卞随等,有关他们几人的记载,可

参阅《让王》《盗跖》等篇。

③修,修身。

④平世之上:与世道相安并处之人。教诲之人:专门以讲学著述为业之人。游居学者:有到处游说,有定居讲学之人。如孔子、子夏等。

⑤尊主强国:使君主尊显,使国家强大。致功并兼者,建立功业兼并他国之人。

⑥就薮(sǒu)泽:到湖泊沼泽之地去。处闲旷:居住在空旷无人之处。

⑦吹呴(xū):皆指吐气,深者为呴,浅者为吹,为练功调息呼吸的方法。

⑧熊经:经,为悬吊起来。此指熊攀到树上,使身体悬空。鸟申:申同伸,伸展之意,鸟飞行时身体伸展。此处指古人模仿动物编出的练功套路,如华陀之五禽戏之类。

⑨道引:为舒通气血,柔和肢体的系统功法。原为古代强身怯病的养生之术,后为中医、气功所广泛应用,对增进人的健康很有价值。彭祖:见《逍遥游》注。寿考:考,老。老寿,长寿之意。

⑩无不忘:一切无心,不有意追求。即忘记前面所说刻意尚行,修仁义,求功名,隐江海,习导引等。无不有:无心于上述五者,反而得五者之全,无一不有。澹(dàn)然:淡漠无心,不在意。

【译文】

磨砺心志崇尚修养,超脱尘世不同流俗,谈吐不凡,抱怨怀才不遇而讥评世事无道,算

庄子的教育智慧

郑板桥

郑燮(1693年—1765年),字克柔,号板桥,江苏兴化人,以三绝(诗书画)闻名于世的清代书画家、文学家。应科举为康熙秀才,雍正十年举人,乾隆元年(1736年)进士。以书画营生,工诗、词,善书、画,诗词不屑作熟语,画擅花卉木石,尤长兰竹。"扬州八怪"的主要代表。

中国古代教育智慧

郑板桥吟蟹诗

郑板桥任潍县知县时，有一天差役传报，说是知府大人路过潍县，郑板桥却没有出城迎接。原来那知府是捐班出身，光买官的钱，就足够抬一轿子，肚里却没有一点真才实学，所以郑板桥瞧不起他。知府大人来到县衙门后堂，对郑板桥不出城迎接，心中十分不快。在酒宴上，知府越想越气。恰巧这时差役端上一盘河蟹，知府想："我何不让他以蟹为题，即席赋诗，如若作不出来，我再当众羞他一羞，也好出出我心中的闷气！于是用筷子一指河蟹说："此物横行江河，目中无人，久闻郑大人才气过人，何不以此物为题，吟诗一首，以助酒兴？"郑板桥已知其意，略一思忖，吟道："八爪横行四野惊，双螯舞动威风凌，孰知腹内空无物，蘸取姜醋伴酒吟。"知府听完十分尴尬。

是孤高卓群罢了；这样做乃是避居山谷的隐士，是愤世嫉俗的人，正是那些洁身自好、宁可以身殉志的人所一心追求的。宣扬仁爱、道义、忠贞、信实和恭敬、节俭、辞让、谦逊，算是注重修身罢了；这样做乃是意欲平定治理天下的人，是对人施以教化的人，正是那些游说各国而后退居讲学的人所一心追求的。宣扬大功，树立大名，用礼仪来划分君臣的秩序，并以此端正和维护上下各别的地位，算是投身治天下罢了；这样做乃是身居朝廷的人，尊崇国君强大国家的人，正是那些醉心于建立功业开拓疆土的人所一心追求的。走向山林湖泽，处身闲暇旷达，垂钩钓鱼来消遣时光，算是无为自在罢了；这样做乃是闲游江湖的人，是逃避世事的人，正是那些闲暇无事的人所一心追求的。嘘唏呼吸，吐去胸中浊气吸纳清新空气，像黑熊攀缘引体、像鸟儿展翅飞翔，算是善于延年益寿罢了；这样做乃是舒活经络气血的人，善于养身的人，正是像彭祖那样寿延长久的人所一心追求的。

若不需磨砺心志而自然高洁，不需倡导仁义而自然修身，不需追求功名而天下自然得到治理，不需避居江湖而心境自然闲暇，不需舒活经络气血而自然寿延长久，没有什么不忘于身外，而又没有什么不据于自身。宁寂淡然而且心智从不滞留一方，而世上一切美好的东西都汇聚在他的周围。这才是像天地一样的永恒之道，这才是圣人无为的无尚之德。

庄子的教育智慧

【故事】

选择

据说，明代有兄弟二人，虽然为同一父母所生，但是秉性却迥然不同。哥哥好吃懒做，锱铢必较，弟弟却勤快本分，喜欢与人结缘。有一天，兄弟俩一齐乘车出门办事，不巧遇到天雨路滑，哥哥掌着的缰绳失控，两兄弟坠落断崖……兄弟俩恍恍惚惚的来到了幽冥殿外，被早已等候在门口的狱卒带到阎罗王的面前。

阎罗王说："你们兄弟二人上辈子做人，没有做过什么大好大恶的事情，下辈子还能够保有人身，出生做人。判官！查查看，有哪户人家需要胎儿去投胎转世的？"

"报告阎君！有赵谢两户人家分别拥有子嗣的因缘，只是出生赵家的人，长大之后要不断的施予他人；投胎谢家的人，则一生都在接受别人的给予。"文判官仔细地翻阅着生死名簿，簿子上密密麻麻的记录着每个众生的三世因缘果报。

阎罗王说："既然如此，你们兄弟就各自去投胎赵谢二家吧！"

哥哥一听阎罗王的判决，心想：如果投胎到赵家，一生都要辛勤的劳作赚钱还要给别人，实在太奔波劳碌，不如接受别人的给予来得清闲舒服。主意打定，赶忙机灵地跪到案前磕头说："阎罗王！一辈子要为别人付出的人生太辛苦了，求您大发慈悲，让我去投胎谢

明代葫芦瓶（瓷器）

中国古代教育智慧

阎罗王塑像

中国古代原本没有关于阎王的观念，佛教从古代印度传入中国后，阎王作为地狱主神的信仰才开始在中国流传开来。中文"阎王"是从梵语中音译过来的词汇，本意是"捆绑"，具体意思是捆绑有罪的人，也译作"阎罗（王）""阎魔（王）""琰魔"等。在古代印度神话中，阎王是管理阴间的王，佛教创立后，沿用了阎王的观念，认为阎王是管理地狱的王。

家，接受别人的给予吧！""那为别人付出的赵家，又该谁去投胎呢？"阎罗王问。敦厚笃实、站在一旁始终不发一语的弟弟这时恭恭敬敬的说："阎罗王！让我哥哥去谢家转世，我愿意做赵家的子弟，一生把所得扶危济困，广结善缘。"

阎罗王同意了，于是，兄弟俩各自到赵谢两家去出世为人。弟弟因为发愿扶危济困，因此到门第高贵、财富雄厚的赵员外家投胎为独生子，长的聪明伶俐。最难得的是赵氏公子生就一副慈悲心肠，乐善好施，凡有求助者，赵公子没有不满足他们的心。而赵员外一家，看到孩子如此善良，也乐得以庞大的财富助人，因此赵公子慈悲行善的美名远近传扬。

一心企望接受别人施舍的哥哥却投胎到家徒四壁、行乞为生的谢家，一辈子向人乞讨残羹剩饭，接受人们的施与和同情。

古语云："施比受更富有"。仁爱之心是最珍贵的，上天奖善罚恶，因施行仁爱而得到的福报也是必然的。关心别人的疾苦，善待他人，不仅是一种慈悲，也是一种智慧，任何时候为善的选择都是人最明智的选择，因为"人有善愿，天必佑之"！

十二、秋水

【原文】

庄子钓于濮水①，楚王使大夫二人往先焉②，曰："愿以境内累矣③！"

庄子持竿不顾，曰："吾闻楚有神龟，死已三千岁矣，王巾笥而藏之庙堂之上④。此龟者，宁其死为留骨而贵乎？宁其生而曳尾于涂中乎⑤？"二大夫曰："宁生而曳尾涂中乎。"

庄子曰："往矣，吾将曳尾于涂中。"

【注释】

①濮水：水名，在今山东范县境。

②楚王：指楚威王。往先：前往致相邀之意，表示对贤人的礼遇。

③愿以境内累：此句为二大夫代表楚王向庄子所致之词，意为愿把国事相累于先生。也就是请庄子去作官的含蓄说法。《史记·老庄申韩列传》载："威王闻庄周贤，使使厚币聘之，许以为相。"即此意。

④巾笥（sì）：笥为竹箱。意为把龟骨放在竹箱里，再蒙上巾被。庙堂：大庙之明堂，为古代君主与群臣议政和举行祭祀仪式之处。

⑤曳尾于涂中：拖着尾巴在泥中爬行。

【译文】

庄子在濮水边垂钓，楚王派遣两位大臣先行前往致意，说："楚王愿将国内政事委托给你而劳累你了。"

今天的濮水

古濮水是一条很重要的河流，它在历史上孕育了濮阳、城濮（濮城）、临濮、濮州、咸、洮等一批城镇；孕育了濮和濮阳两个姓氏和我们中华民族的一支古老部族——濮人、百濮；孕育了开人民文化之先河的"桑间濮上""卫风新声"。

中国古代教育智慧

武术大师孙禄堂

孙禄堂（1860—1933年），名福全，字禄堂，晚号涵斋，别号活猴。河北望都县东任疃村人，清末民初蜚声海内外的著名武学大学，堪称一代宗师，在近代武林中素有虎头少保、天下第一手之称。

庄子手把钓竿头也不回地说："我听说楚国有一神龟，已经死了三千年了，楚王用竹箱装着它，用巾饰覆盖着它，珍藏在宗庙里。这只神龟，是宁愿死去为了留下骨骸而显示尊贵呢，还是宁愿活着在泥水里拖着尾巴呢？"两位大臣说："宁愿拖着尾巴活在泥水里。"

庄子说："你们走吧！我仍将拖着尾巴生活在泥水里。"

【故事】

超然的武术大师

一位武术大师曾经以一双迅猛无敌的快腿令前来与之切磋武艺的人个个佩服得五体投地，用"威震武林"四个字来形容这位武术大师的腿脚功夫，实在是恰当至极。可是现实真如人们经常说的那样"命运弄人"。

在一次上山采药的时候，武术大师不小心踩空，摔下悬崖，虽然命是保住了，但是双腿却齐刷刷地摔断了！一向以腿脚功夫威震武林的武术大师此时连站立和行走都成了问题，过去迅猛无敌的快腿，此时只留下一双空空的裤管。

等到武术大师从昏迷中彻底清醒过来时，弟子们几乎不敢告诉他这个惨痛的消息，他们甚至不敢想象师父看到一双空裤管时会有怎样的反应。可是当大师看到一双空裤管时，他没有像弟子们想象的那样慌乱，更没有捶胸顿足地表达自己的痛苦和抱怨命运的不公。他让弟子把他扶起来，平静地吃下一些饭菜，然后就像过去一样坐在那里练习内功了。练习完内功，看着一脸茫然的弟子们，武术大师说道："我想说两件事：第一，以后你们谁还想练腿脚功夫我还会像以前一样认真教导，只不过很难再亲自示范了；第二，从今天起我要练习臂掌部的功夫，我相信自己不会因为失去双腿而变成废人，你们也不必因为师父失去双腿而放弃在武学上的修炼。"

几年以后，这位武术大师以其出色的掌上功夫赢得了更多人的敬仰。当一位多年不见的老友看到他失去双腿而流泪叹息时，这位武术大师微笑着对老友说："我把过去的一切都扔掉了，所以能轻轻松松地生活、练武，可是你怎么还让几年前的痛苦扰乱久别重逢的兴致呢？"

过去或成功或失败，或快乐或伤痛，都属于过去。留在昨天的阴影中不肯走出去就永远看不到前面的阳光。智者会从悲苦中获得新生。

【原文】

庄子与惠子游于濠梁之上①。庄子曰："儵鱼出游从容②，是鱼之乐也？"

惠子曰："子非鱼，安知鱼之乐？"

庄子曰："子非我，安知我不知鱼之乐？"

惠子曰："我非子，固不知子矣；子固非鱼也，子之不知鱼之乐，全矣③。"

庄子曰："请循其本④。子曰'汝安知鱼乐'云者，既已知吾知之而问我。我知之濠上也⑤。"

武术的起源

武术的起源可以追溯到原始社会。那时，人类即已开始用棍棒等原始工具作为武器同野兽进行斗争，一是为了自卫，二是为了猎取生活资料，后来人们为了互相争夺财富，进而制造了更具有杀伤力的武器。如《山海经·大荒北经》就有"蚩尤作兵伐黄帝"的记载。这样，人类通过战斗，不仅制造了兵器，而且逐渐积累了具有一定的攻防格斗意义的技能。

在公元前500年左右，天竺国（今印度）的达摩祖师创建了佛教，在以后的岁月里，印度的武术也传到了中国，形成少林一派，在中国武林占据了重要地位。

中国古代教育智慧

郑板桥画：竹

【注释】

①濠梁：濠水桥上，濠水在今安微凤阳县境内，北流至临淮关入淮。

②儵(tiáo)鱼：亦称白鲦，银白色，长约十六厘米，为淡水小型鱼类，喜欢在上层水面游动，故易为人见。

③全矣：完全肯定的了。

④循其本：循着争论的根源讲起。本，根源、起点之意。

⑤此句意为，你所说"你怎么能知道鱼的乐趣"这句话，就是已经知道我之所知而向我发问的，既然你惠施能知我庄周，我庄周为什么不能知鱼呢？我是在濠水桥上知道的呀。庄子把惠施"你怎么知道鱼的乐趣"的反问，转成肯定的否定意义，成为你不知鱼之乐趣。既然知庄子之不知，也就是知庄子之所知了，用以驳回惠施的论点。

【译文】

庄子和惠子一道在濠水的桥上游玩。庄子说："白儵鱼游得多么悠闲自在，这就是鱼儿的快乐。"

惠子说："你不是鱼，怎么知道鱼的快乐？"

庄子说："你不是我，怎么知道我不知道鱼儿的快乐？"

惠子说："我不是你，固然不知道你；你也不是鱼，你不知道鱼的快乐，也是完全可以肯定的。"

庄子说:"还是让我们顺着先前的话来说。你刚才所说的'你怎么知道鱼的快乐'的话,就是已经知道了我知道鱼儿的快乐而问我,而我则是在濠水的桥上知道鱼儿快乐的。"

【故事】

谁最快乐

明太祖朱元璋曾问大臣:"天下何人快活?"群臣众说纷纭,有人说功成名就者快活,有人说富甲天下者快活。朱元璋听后脸露不悦之色,沉默片刻,有一个叫万钢的大臣答道:"畏法度者快活!"朱元璋顿时大悦,夸其见解"甚独"。

畏法度者快活,道理浅显,大凡畏法度者,必不肯做违法乱纪之事,也就不会整天提心吊胆,也就没有费心劳神的忧愁,自然活得洒脱快乐。

还有一个流传很广的故事。有一个富商,生意做得很红火,每日操心、算计,多有烦恼。紧挨着他家住着一户穷苦人家,夫妻俩以做豆腐为生,虽说清贫辛苦,却有说有笑。富商的太太说:"唉!别看咱家里有金有银,可我觉得咱们还不如隔壁卖豆腐的穷夫妻。他们虽说穷,可他们的快乐值千金呀!"富商便说:"那有什么!我叫他们明天就笑不出来。"言罢,他一抬手将一锭金元宝从墙头扔了过去。

次日清晨,那对穷夫妻发现了地上那块来

朱元璋

朱元璋(1328—1398年),原名朱重八,后取名朱兴宗,字国瑞,是继汉高帝刘邦以来第二位平民出身并且统一全国的君主。在位期间廷杖大臣、废相、设锦衣卫、大杀功臣(也包含惩治贪赃枉法的元勋)等诸多辣腕,功过难断,也立下了明朝君王集权及高压统治的典型。朱元璋一生高潮迭起,民间传说甚多,为中国历史上最富传奇也最具争议的皇帝之一。

> **快乐的名言**
>
> 乐人之乐，人亦乐其乐；忧人之忧，人亦忧其忧。（白居易）
>
> 各人有各人理想的乐园，有自己所乐于安享的世界，朝自己所乐于追求的方向去追求，就是你一生的道路，不必抱怨环境，也无须艳羡别人。（罗曼·罗兰）
>
> 开朗的性格不仅可以使自己经常保持心情的愉快，而且可以感染你周围的人们，使他们也觉得人生充满了和谐与光明。（罗曼·罗兰）
>
> 快乐应该是美德的伴侣。（巴尔德斯）

历不明的金元宝，心情大变。他们商量来商量去，都说发财了，不想再磨豆腐了。那么，用这些钱干点什么呢？他们又担心一旦暴富，被左邻右舍疑为偷窃了钱财。如此这般，三天三夜，他们茶饭不思，寝席不宁，自此再也听不到他们的笑声了。

由此可见，有些时候，剥夺人生快乐的，与其说是刀兵相见，不如说是欲望圈套；耗尽我们生命的，与其说是重大的悲剧，不如说是琐碎的诱惑。人生一世，把我们弄得心灰意冷、精疲力竭的，有时并不是明火执仗的敌人，而往往是被名缰利索死死纠缠的我们自己。

十三、至乐

【原文】

天下有至乐无有哉?有可以活身者无有哉①?今奚为奚据?奚避奚处?奚就奚去?奚乐奚恶?

夫天下之所尊者,富贵寿善也;所乐者,身安厚味美服好色音声也;所下者,贫贱夭恶也;所苦者,身不得安逸,口不得厚味,形不得美服,目不得好色,耳不得音声;若不得者,则大忧以惧②。其为形③也,亦愚哉!

夫富者,苦身疾作④,多积财而不得尽用,其为形也亦外矣。夫贵者,夜以继日,思虑善否,其为形也亦疏矣。人之生也,与忧俱生,寿者惛惛,久忧不死,何苦也!其为形也亦远矣。烈士为天下见善矣,未足以活身。吾未知善之诚善邪,诚不善邪?若以为善矣,不足活身;以为不善矣,足以活人。故曰:"忠谏不听,蹲循⑤勿争。"故夫子胥⑥争之以残其形,不争,名亦不成。诚有善无有哉?

今俗之所为与其所乐,吾又未知乐之果乐邪,果不乐邪?吾观夫俗之所乐,举群趣者,誙誙然如将不得已⑦,而皆曰乐者,吾未之乐也,亦未之不乐也。果有乐无有哉?吾以无为诚乐矣,又俗之所大苦也。故曰:"至乐无乐,至誉无誉。⑧"

天下是非果未可定也。虽然,无为可以定

郑板桥作品:竹

中国古代教育智慧

伍子胥

伍子胥（？—前484年），春秋末期吴国大夫，军事家、谋略家。春秋时楚国人，先人封于申地，故又称申胥。伍子胥的父亲叫伍奢，伍员的哥哥叫伍尚。据史载，伍子胥是姑苏城的创建者。他的祖父叫伍举，因为侍奉楚庄王时刚直谏诤而显贵，所以他的后代子孙在楚国很有名气。

是非。至乐活身，唯无为几存。请尝试言之。天无为以之清，地无为以之宁，故两无为相合，万物皆化生。芒乎芴乎，而无从出乎！芴乎芒⑨乎，而无有象乎！万物职职⑩，皆从无为殖。故曰天地无为也而无不为也，人也孰能得无为哉！

【注释】

①活身者：全生保身的方法。

②大忧以惧：大忧和大惧。以，和、同。

③为形：保养身体。

④苦身：使身体劳苦。疾作：加速作事。

⑤蹲循：如逡巡，退却之意。

⑥子胥：伍员，字子胥，吴国大将。吴王夫差接受越王勾践求和请求，伍子胥看清越国阴谋，苦谏夫差而不被听从，后被赐死。

⑦举群趣者：所有的人都奔往所乐之处。举，皆、全。趣，同趋。誙誙（kēng）然：必取之意。

⑧至乐无乐：庄子认为，乐与忧共存，有乐则有忧，如东与西相反而不可相无。所以乐之极至为无乐，唯无乐才能无忧，而达于至乐之境。至誉无誉：最完全的赞誉即是不赞誉。如对烈士，赞誉其杀身成仁，就包含对自身的戕害，并不算完备，而无誉则无所不包，故为至誉。

⑨芒芴（hū）：同恍惚。渺茫暗昧，无形无象，似有若无的一种状态。

⑩职职：繁多。

【译文】

天下有最大的快乐还是没有呢？有可以存活身形的东西还是没有呢？现在，应该做些什么又依据什么？回避什么又安心什么？靠近什么又舍弃什么？喜欢什么又讨厌什么？

世上的人们所尊崇看重的，是富有、高贵、长寿和善名；所爱好喜欢的，是身体的安适、丰盛的食品、漂亮的服饰、绚丽的色彩和动听的乐声；所认为低下的，是贫穷、卑微、短命和恶名；所痛苦烦恼的，是身体不能获得舒适安逸、嘴里不能获得美味佳肴、外形不能获得漂亮的服饰、眼睛不能看到绚丽的色彩、耳朵不能听到悦耳的乐声；假如得不到这些东西，就大为忧愁和担心。以上种种对待身形的做法实在是太愚蠢啊！

富有的人，劳累身形勤勉操作，积攒了许许多多财富却不能全部享用，那样对待身体也就太不看重了。高贵的人，夜以继日地苦苦思索怎样才会保全权位和厚禄与否，那样对待身体也就太忽略了。人们生活于世间，忧愁也就跟着一道产生，长寿的人整日里糊糊涂涂，长久地处于忧患之中而不死去，多么痛苦啊！那样对待身体也就太疏远了。刚烈之士为了天下而表现出忘身殉国的行为，可是却不足以存活自身。我不知道这样的行为是真正的好呢，还是实在不能算是好呢？如果认为是好行为，却不足以存活自身；如果认为不是好行为，却又足以使别人存活下来。所以说："忠诚的劝谏

快乐的名言

真正的快乐是内在的，它只有在人类的心灵里才能发现。（布雷默）

所谓内心的快乐，是一个人过着健全的正常的和谐的生活所感到的快乐。（罗曼·罗兰）

世界上没有比快乐更能使人美丽的化妆品。（布雷顿）

人生最大的快乐不在于占有什么，而在于追求什么的过程。（本生）

中国古代教育智慧

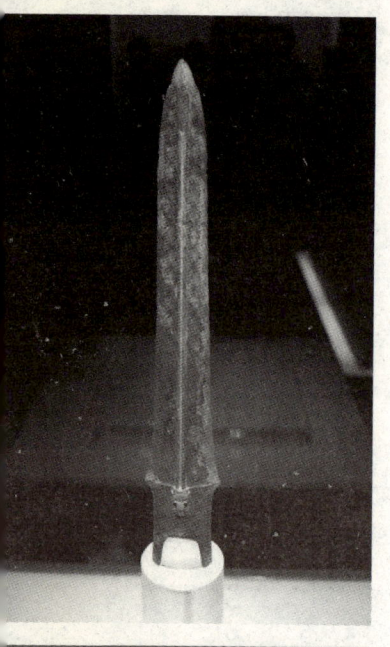

吴王夫差矛

通长29.5厘米，最宽处5.5厘米，1983年湖北江陵马山5号楚墓出土。矛身中脊呈三棱形，满饰菱形花纹。正面近骹处有错金铭文："吴王夫差自作用矛"。骹的横断面椭圆形，平视骹口呈凹字形，正背两面各有一刻纹精细的兽纹鼻。矛刃锋利，并将脊部铸出血槽，以提高杀伤力。花纹风格与越王勾践剑类似。其铸造工艺之精，可与勾践剑媲美，为同类兵器所少见，亦属不可多得的珍品。

不被接纳，那就退让一旁不再去争谏。"伍子胥忠心劝谏以致身受残戮，如果他不努力去争谏，忠臣的美名也就不会成就。那么果真又有所谓好还是没有呢？

如今世俗所从事与所欢欣的，我又不知道那快乐果真是快乐呢，还是果真不是快乐呢？我观察那世俗所欢欣的东西，大家都全力去追逐，拼死竞逐的样子真像是不达目的决不罢休。人人都说这就是最为快乐的事，而我并不看作就是快乐，当然也不认为不是快乐。那么，世上果真有快乐还是没有呢？我认为无为就是真正的快乐，但这又是世俗的人所感到最痛苦和烦恼的。所以说："最大的快乐就是没有快乐，最大的荣誉就是没有荣誉。"

天下的是非果真是未可确定的。虽然如此，无为的观点和态度可以确定是非。最大的快乐是使自身存活，而唯有无为算是最接近于使自身存活的了。请让我说说这一点。苍天无为因而清虚明澈，大地无为因而浊重宁寂，天与地两个无为相互结合，万物就全都能变化生长。恍恍惚惚，不知道从什么地方产生出来！惚惚恍恍，没有一点儿痕迹！万物繁多，全从无为中繁衍生殖。所以说，天和地自清自宁无心去做什么却又无所不生无所不做，而人谁又能够做到无为呢！

【故事】

快乐的真谛

一个富翁拥有许多的金银财宝，却总是感到自己不快乐。他想快乐也许在别处，于是决定去寻找快乐。临行之前，他没忘记背上许多金银财宝。可是走了很多地方，他依然没有寻到快乐，就沮丧的坐在山道边。这时一个农夫唱着歌从山上走下来了。

富翁问农夫："我有很多的钱，别人都羡慕我，可我为什么不快乐呢？"

农夫放下柴草，一边擦汗，一边笑眯眯的说："快乐很简单，放下就是快乐！"

富翁一刻间恍然大悟，自己背着那么多的金银财富，老怕别人抢去，还担心遭人暗算，所以整天忧心忡忡，快乐从何而来呢？

顿悟后的富翁从此以后学会了慷慨解囊，以慈悲为怀做了很多的善事，从此他也成了一个快乐的人。

有一个人，他很有钱，却非常的不快乐，他想：既然我有钱，我相信一定可以找寻得到快乐，只要我愿意花钱。

于是他玩遍、吃遍、享受了所有认为可以令他快乐的事物，可是事后他还是很不快乐。

当他看到周围的朋友高兴的笑时，他问："你快乐吗？"

笑着的朋友回答："快乐啊！我现在很快乐！"

快乐的名言

快乐好比一只蝴蝶，你若伸手去捉它，往往会落空；但如果你静静地坐下来，它反而会在你身上停留。（佚名）

如果我们只是纯粹想追求个人的快乐，这个愿望很容易达成；但如果我们希望比别人快乐，就太难了，因为我们总认为别人比我们快乐。（佚名）

要让自己快乐，最好的方法是先令别人快乐。（佚名）

快乐是成功的副产品。（佚名）

中国古代教育智慧

举案齐眉

举案齐眉是汉时梁鸿和妻子孟光的故事。每当丈夫梁鸿回家时,妻子孟光就托着放有饭菜的盘子,恭恭敬敬地送到丈夫面前。为了表示对丈夫的尊敬,妻子不敢仰视丈夫的脸,总是把盘子托得跟眉毛齐平,丈夫也总是彬彬有礼地用双手接过盘子。

他又问:"那么明天呢?后天呢?你还是一样快乐吗?"

朋友回答:"明天……后天……我不知道是否能一样快乐。"

他询问了很多笑了的人,得到的答案都是一样。

有一天,有人跟他说,只要穿上了世界上最快乐的人的衣服,你便可以成为世界上最快乐的人。

于是他很不快乐地找寻"世界上最快乐的人"的踪迹。

十年后,有人跟他说世界上最快乐的人居住在某某镇上,他立刻赶到那个镇上造访。

到了镇上他问镇里的人:"请问世界上最快乐的人住在这里吗?"

镇里的人指着山上回答:"对啊!不过他住在山上的洞里。"

他爬上山,走入洞内看到一个人,他问:"先生,请问世界上最快乐的人是不是住在这里?"

那个人回答:"对啊!"他又问:"那请问他在吗?"

那个人回答:"在啊!我就是。"

他兴奋又颤抖的说:"先生!我有个不求之请,不知道您能不能答应?我听人家说:穿上了您的衣服后,就可以成为世界上最快乐的人,我可以借您的衣服穿吗?"

那个人大笑着说:"你没看见吗?我是从

来不穿衣服的！"

【原文】

庄子妻死，惠子吊之，庄子则方箕踞鼓盆而歌①。

惠子曰："与人居，长子、老身②死，不哭，亦足矣，又鼓盆而歌，不亦甚乎！"

庄子曰："不然。是其始死也，我独何能无概然③！察其始而本无生④，非徒无生也而本无形，非徒无形也而本无气。杂乎芒芴⑤之间，变而有气，气变而有形，形变而有生，今又变而之死，是相与为春秋冬夏四时行也⑥。人且偃然寝于巨室，而我噭噭然随而哭之⑦，自以为不通乎命，故止也。"

【注释】

①箕踞（jī jù）：盘腿而坐，其形如簸箕，故而得名，古人是屈膝跪地，臀部坐在脚跟上，为标准坐态。盘腿而坐是比较随便的坐式。鼓盆：敲击瓦盆作歌唱之拍节。

②长子老身：为倒装句式，孩子长大，身体老迈。

③是：此，指庄子之妻。始死：刚刚死的时候。概：借为慨，慨叹、哀伤之意。

④无生：未曾生。庄子认为生死不过是物象幻化，本没有什么分别，生也是未曾生。

⑤杂乎芒芴：一种恍惚迷离、亦真亦幻的神秘状态，是从无到有转化的中间环节，也是天地万物的起点。

⑥此句比喻死生如同四时运行一样自然。

庄子的教育智慧

快乐的名言

你只要生气一分钟，便丧失了六十秒钟的快乐。（佚名）

爱自己只会让我们更孤独，爱别人让我们更快乐。（佚名）

如果快乐不能与人分享，这不算是真正的快乐了。（佚名）

快乐是一种心境，跟财富、年龄与环境无关。（佚名）

如果快乐可以用钱买到，大多数人都会因价格贵得离谱而不快乐。（佚名）

从来不懂得心存感激的人，绝对体验不出快乐的真谛。（佚名）

中国古代教育智慧

人生中的选择

西方先哲苏格拉底的几个学生曾经向他请教人生的真谛。苏格拉底把他们带到一片果林旁边,吩咐他们说:"你们各自顺着一行果树,从林子这头走到那头,摘一枚自己认为最大最好的果子。不许走回头路,不许做第二次选择。"学生们按照苏格拉底的要求出发了,他们都十分认真的做着选择。当学生到达果林的另一端时,已经在那里等待的苏格拉底问他们:"你们是不是都摘到自己满意的果子了?"他的一个学生回答说:"老师,让我再选择一次吧。当我走到林子的尽头时,才发现第一次看见的那枚果子就是最大最好的。"其他的学生也纷纷请求重新选择一次。

苏格拉底摇摇头之后说:"孩子们,人生就是如此,没有第二次选择。"

⑦且:假如。偃然:安息的样子。巨室:比喻天地之间。嗷(áo)嗷然:哀哭声。

【译文】

庄子的妻子死了,惠子前往表示吊唁,庄子却正分开腿像簸箕一样坐着,一边敲打着瓦缶一边唱歌。

惠子说:"你跟死去的妻子生活了一辈子,生儿育女直至衰老而死,人死了不伤心哭泣也就算了,又敲着瓦缶唱起歌来,不也太过分了吧!"

庄子说:"不对哩。这个人她初死之时,我怎么能不感慨伤心呢!然而仔细考察她开始原本就不曾出生,不只是不曾出生而且本来就不曾具有形体,不只是不曾具有形体而且原本就不曾形成元气。夹杂在恍恍惚惚的境域之中,变化而有了元气,元气变化而有了形体,形体变化而有了生命,如今变化又回到死亡,这就跟春夏秋冬四季运行一样。死去的那个人将安安稳稳地寝卧在天地之间,而我却呜呜地围着她啼哭,自认为这是不能通晓于天命,所以也就停止了哭泣。"

【故事】

演讲会上的故事

多年以前,在印度举行的一次演讲会上,一位著名的印度教派宗师古鲁正在给几千名听众演讲。听众里有宗教界人士、公司总裁、电影明星、音乐家以及许多其他各界人士。很显然，当他演讲的时候，他的声音里仿佛蕴含了一种魔力，令在场的所有人都全神贯注地沉浸其中。

当古鲁演讲完毕之后，他问大家是否还有什么问题需要问的。其时，大家仍旧还沉浸在他的演讲里，以至于一时之间会场上寂静无声，直到一名男子站起身来才打破了这种沉默。他是一个来自西方的商人。只见他似笑非笑地站在那里，以一种充满怀疑的口吻问古鲁道："好的，既然您通晓一切，那么我想请问您生命的真谛究竟是什么呢？"

这位男子的本意是想借这个难题来使古鲁难堪，并趁机贬低一下他。但是，古鲁却不慌不忙地答道："我会回答你的问题，不过，首先还是让我来和你说说你自己的一些事情吧。"

古鲁的话音刚落，那位骄矜的男子顿时感到所有人的目光一下子都聚集到了自己的身上，他不禁感到浑身不自在。

"你从来都没有爱过，是不是？我说的是那种真正的、深深的、纯洁的爱？"

"是的，"那位男子有些局促不安地答道，"是的，从来没有过。"

"你一定觉得很奇怪吧？我怎么会知道你从来都没有爱过呢？那么现在就让我告诉你吧，"古鲁平静地答道，"因为，一个人如果向别人提出像你刚才问我的'什么是生命的真

苏格拉底

苏格拉底（前469—前399年），著名的古希腊哲学家，他和他的学生柏拉图及柏拉图的学生亚里士多德被并称为"希腊三贤"。他被后人广泛认为是西方哲学的奠基者。

中国古代教育智慧

苏格拉底之死

古希腊哲学家苏格拉底因主张无神论和言论自由,而被诬陷引诱青年、亵渎神灵,最后被判处服毒自杀。当时苏格拉底的亲友和弟子们都劝他逃往国外避难,均遭他严正拒绝,当着弟子们的面从容服下毒药。画中所描绘的就是苏格拉底服毒自杀的情节。

作者雅克·路易·大卫(1748—1825年),法国著名画家,古典主义画派的奠基人,画风严谨,技法精湛。

谛'那样的问题,就等于把自己的情况透露给了别人,也就是告诉人们说他从没有得到过爱或者从没有经历过爱。可以这么说,基本上,一个真正亲身经历过、体验过真爱的人是绝对不会提出这个问题的,因为对他们来说,'生命的真谛是什么?'这个问题的答案他们早就已经了然于胸了。"

在一次讨论会上,一位著名的演说家没讲一句开场白,手里却高举着一张二十美元的钞票。

面对会议室里的二百个人,他问:"谁要这二十美元?"一只只手举了起来。他接着说:"我打算把这二十美元送给你们中的一位,但在这之前,请准许我做一件事。"他说着将钞票揉成一团,然后问:"谁还要?"仍有人举起手来。

他又说:"那么,假如我这样做又会怎么样呢?"他把钞票扔到地上,又踏上一只脚,并且用脚碾它。而后他拾起钞票,钞票已变得又脏又皱。

"现在谁还要？"还是有人举起手来。

演说家最后说："朋友们，你们已经上了一堂很有意义的课。无论我如何对待那张钞票，你们还是想要它，因为它并没贬值，它依旧值二十美元。人生路上，我们会无数次被自己的决定或碰到的逆境击倒、欺凌甚至碾得粉身碎骨。我们觉得自己似乎一文不值。但无论发生什么，或将要发生什么，在上帝的眼中，你们永远不会丧失价值。在他看来，肮脏或洁净，衣着齐整或不齐整，你们依然是无价之宝。"

不管我们遭遇了什么不测，只要活着就能活好；不管我们经历了什么磨难，只要活着就有价值。

快乐的名言

为了寻找快乐，你走遍了千山万水，始终见不到它的踪影。其实只要你拥有一颗知足的心，快乐就在你身上。（佚名）

如果你对目前拥有的一切觉得不满，等到你拥有更多时，也不见得会快乐。（佚名）

想要获得快乐，不是增加财富，而是降低欲望。（佚名）

快乐是一种宝贵的资源，不能光是享用，而不去发掘。（佚名）

把快乐的香水喷洒在别人身上时，总有几滴溅到自己。（佚名）

大忙人往往是最快乐的人，因为他没时间去想自己快不快乐。（佚名）

快乐有一点像感冒——传染得很快。（佚名）

中国古代教育智慧

郑板桥画：竹

十四、山木

【原文】

庄子行于山中，见大木，枝叶盛茂，伐木者止其旁而不取也。问其故，曰："无所可用。"庄子曰："此木以不材得终其天年夫！①"

出于山，舍于故人之家。故人喜，命竖子杀雁而烹之②。竖子请曰："其一能鸣，其一不能鸣，请奚杀？"主人曰："杀不能鸣者。"

明日，弟子问于庄子曰："昨日山中之木，以不材得终其天年，今主人之雁，以不材死；先生将何处③？"

庄子笑曰："周将处乎材与不材之间。材与不材之间，似之而非也，故未免乎累④。若夫乘道德而浮游则不然⑤。无誉无訾，一龙一蛇，与时俱化，而无肯专为⑥；一上一下，以和为量⑦，浮游乎万物之祖，物物而不物于物⑧，则胡可得而累邪！此神农、黄帝之法则也。若夫万物之情，人伦之传⑨，则不然。合则离，成则毁⑩；廉则挫，尊则议，有为则亏，贤则谋，不肖则欺，胡可得而必乎哉！悲夫！弟子志之，其唯道德之乡乎！"

【注释】

①不材：不成材。天年：自然寿命。

②竖子：童仆。雁：鹅。鹅由雁驯化成，故亦称鹅为雁。烹：应作享，通飨，招待、款待之意。

③何处：如何自处。指在材与不材间选择哪种以立身自处。

④未免乎累：不能免于受牵累。因为处材与不材间，即受材累又受不材累。

⑤若夫：至于。乘道德：顺自然。浮游：茫然无心的漫游。

⑥一龙一蛇：或如龙之显现，或如蛇之潜藏，随时而变化。专为：不主于一端。

⑦和：中和，与外物相和谐。量：度量。

⑧物物：按物本性去主宰支配物。不物于物：不被外物所支配使役。

⑨人伦之传：人世伦理之传习。

⑩成则毁：有成就有毁，成必转为毁。

【译文】

庄子行走于山中，看见一棵大树枝叶十分茂盛，伐木的人停留在树旁却不动手砍伐。问他们是什么原因，说："没有什么用处。"庄子说："这棵树就是因为不成材而能够终享天年啊！"

庄子走出山来，留宿在朋友家中。朋友高兴，叫童仆杀鹅款待他。童仆问主人："一只能叫，一只不能叫，请问杀哪一只呢？"主人说："杀那只不能叫的。"

第二天，弟子问庄子："昨日遇见山中的大树，因为不成材而能终享天年，如今主人的鹅，因为不成材而被杀掉；先生你将怎样对待呢？"

庄子笑道："我将处于成材与不成材之

林肯的幽默

林肯是美国历任总统中最具幽默感的一位。

早在读书时，有一次考试，老师问他："你愿意答一道难题，还是两道容易的题目？"林肯很有把握地答："答一道难题吧。""那你回答，鸡蛋是怎么来的？""鸡生的。"老师又问："那鸡又是从哪里来的呢？""老师，这已经是第二道题了。"林肯微笑着说。

一次，林肯步行到城里去。一辆汽车从他身后开来时，他扬手让车停下来，对司机说："能不能替我把这件大衣捎到城里去？""当然可以，"司机说，"可我怎样将大衣交还给你呢？"林肯回答说："哦，这很简单，我打算裹在大衣里头。"司机被他的幽默所折服，笑着让他上了车。

中国古代教育智慧

林肯

亚伯拉罕·林肯（1809—1865年），美国第十六任总统（任期：1861年3月4日至1865年4月15日），也是首位共和党籍总统，领导了拯救联邦和结束奴隶制度的伟大斗争。尽管他在边疆只受过一点儿初级教育，担任公职的经验也很少，然而，他那敏锐的洞察力和深厚的人道主义意识，使他成了美国历史上最伟大的总统之一。

间。处于成材与不成材之间，好像合于大道却并非真正与大道相合，所以这样不能免于拘束与劳累。假如能顺应自然而自由自在地游乐也就不是这样。没有赞誉没有诋毁，时而像龙一样腾飞时而像蛇一样蛰伏，跟随时间的推移而变化，而不愿偏滞于某一方面；时而进取时而退缩，一切以顺和作为度量，优游自得地生活在万物的初始状态，役使外物，却不被外物所役使，那么，怎么会受到外物的拘束和劳累呢？这就是神农、黄帝的处世原则。至于说到万物的真情，人类的传习，就不是这样的。有聚合也就有离析，有成功也就有毁败；棱角锐利就会受到挫折，尊显就会受到倾覆，有为就会受到亏损，贤能就会受到谋算，而无能也会受到欺侮，怎么可以一定要偏滞于某一方面呢！可悲啊！弟子们记住了，恐怕还只有归向于自然吧！"

【故事】

坚持做自己

1809年2月12日，林肯出生在一个农民家庭。小时候，家里很穷，他没机会上学，他一生中进学校的时间，加在一起总共不到一年。少年时候的他每天跟着父亲在西部荒原上开垦劳动，帮助家里干活等。九岁时，母亲去世，这对林肯来说是一个残酷的打击。幸而继母对他很好，常常督促他读书、学习，他和继母的关系也很融洽。后来，长大的林肯开始独立谋生，他在农场当过雇工，还做过石匠、船夫等。

1832年，林肯失业了，这使他很伤心，但他下定决心要当政治家，当州议员。糟糕的是，他竞选失败了。在一年里遭受两次打击，这对他来说无疑是痛苦的。

接着，林肯着手自己开办企业，可一年不到，这家企业又倒闭了。在以后的十七年间，他不得不为偿还企业倒闭时所欠的债务而到处奔波，历经磨难。

随后，林肯再一次决定参加竞选州议员，这次他成功了。他内心萌发了一丝希望，认为自己的生活有了转机，他在心里说，"可能我可以成功了。"

1835年，他订婚了。但离结婚还差几个月的时候，未婚妻不幸去世。这对他精神上的打击实在太大了，他心力交瘁，数月卧床不起。1836年，他得了精神衰弱症。

1838年，林肯觉得身体良好，于是决定竞选州议会议长。可他失败了。1843年，他又参加竞选美国国会议员，但这次仍然没有成功。

林肯虽然一次次地尝试，但却是一次次地遭受失败：企业倒闭、情人去世，竞选败北。尽管遭遇了如此多的打击，林肯没有放弃，他也没有考虑再次失败后会怎样。所以，1846年，他又一次参加竞选国会议员，这次他终于当选了。

两年任期很快过去了，他决定要争取连

林肯的幽默

林肯的脸较长，不好看。一次，他和斯蒂芬·道格拉斯辩论，道格拉斯讥讽他是两面派。林肯答道："要是我有另一副面孔的话，我还会戴这副难看的面孔吗？"

有一次，林肯在擦自己的皮鞋，一个外国外交官向他走来说："总统先生，您竟擦自己的皮鞋？""是的，"林肯诧异地反问，"难道你擦别人的皮鞋？"

有人认为林肯对待政敌的态度不够强硬，对他说："你为什么要和他们成为朋友呢？你应该想办法消灭他们才对。""我难道不是在消灭政敌吗？当我使他们成为我的朋友时，政敌就不存在了。"林肯温和地说。

中国古代教育智慧

美国总统雕像山

总统雕像山位于科罗拉多大峡谷山上，是全世界最大的花岗露岩之一，上面雕刻着美国历史上最伟大的四位总统——象征自由的华盛顿；象征民主和自治的杰弗逊；象征统一和平等的林肯；象征自由经济的罗斯福。1924年开始雕刻，1941年竣工。

任。他认为自己作为国会议员表现是出色的，相信选民继续选举他。但结果很遗憾，他落选了。

因为这次竞选他赔了一大笔钱，林肯申请当本州的土地官员。但州政府把他的申请退了回来，上面指出："做本州的土地官员要求有卓越的才能和超常的智力，你的申请未能满足这些要求。"

然而，林肯没有服输。1854年，他竞选参议员，但失败了；两年后，他竞选美国副总统提名，结果被对手击败；又过了两年，他再一次竞选参议员，还是失败了。林肯一直没有放弃自己的追求，他一直在做自己生活的主宰。1860年，他终于当选为美国总统。

【原文】

阳子之宋①，宿于逆旅。逆旅人有妾二人，其一人美，其一人恶，恶者贵而美者贱②。阳子问其故，逆旅小子对曰："其美者自美，吾不知其美也；其恶者自恶，吾不知其恶也。"阳子曰："弟子记之！行贤而去自贤之行，安往而不爱哉！"

【注释】

①之：到。

②贱：地位低下，卑贱，与贵相对。

【译文】

阳朱到宋国去，住在旅店里。旅店主人有两个妾，其中一个漂亮，一个丑陋，可是长得丑陋的受到宠爱而长得漂亮的却受到冷淡。阳朱问他缘故，年轻的店主回答："那个长得漂亮的自以为漂亮，但是我却不觉得她漂亮；那个长得丑陋的自以为丑陋，但是我却不觉得她丑陋。"阳子转对弟子说："弟子们记住！品行贤良但却不自以为具有了贤良的品行，到哪里不会受到敬重和爱戴啊！"

【故事】

诸葛亮的丑妻

东汉末年，群雄割踞，战火在中原大地上燃烧。二十多岁的诸葛亮，却隐居在湖北襄阳附近的隆中。他名为隐居，实则胸怀大志，胸中装着天下形势与智谋、对策，等待着大显身手的时机。

公元207年，陷入困境中的刘备，三顾茅庐，请诸葛亮出山辅佐。诸葛亮的心里充满了矛盾，他想听一听好朋友黄承彦的见解。当时，黄承彦也是襄阳地区的一位名士，五十多岁了，熟习经史，经常同诸葛亮一起谈论天下大事，两人十分投机，成了忘年之交。黄承彦家中有一个女儿，生来聪明伶俐，不但会纺织刺绣，更通晓诗书，关心天下大事，并且性情豪爽，对许多问题都有独特的见解。但是，这个

诸葛亮

诸葛亮（181—234年），字孔明，号卧龙，琅邪阳都（今山东临沂市沂南县）人，三国时期杰出的政治家、军事家。蜀汉丞相，谥曰忠武侯。

中国古代教育智慧

嫫母

姑娘的长相并不好：黄头发，黑面皮，眼窝深陷，被人们称为"黄阿丑"。不少人都为她惋惜：阿丑那样聪慧，如果长得好些，一定会找到一个好丈夫的，可惜了。阿丑却不以为然，她对父亲说："世人都说婚姻要郎才女貌，我看未必。女子有才，为什么不能挑选一个如意的丈夫呢？"

阿丑的才识和不凡的见解传到了诸葛亮耳中，诸葛亮深为赞佩。他要见一见那位遐迩闻名的黄阿丑。

诸葛亮风尘仆仆来到了黄承彦家里，受到了黄家的热情接待。黄承彦唤出女儿阿丑同诸葛亮见面。阿丑见诸葛亮身材修长，仪态潇洒，十分爱慕。诸葛亮看黄阿丑，虽然长得不美，但眼睛明亮有神，闪着机智的光芒；而且，阿丑不像平常女子那样扭扭捏捏，她坦然大方，给诸葛亮以很好的印象。

诸葛亮向黄承彦讲了刘备来访的情况，述说了自己心底的矛盾。他说："如果我只想苟全性命于乱世，不求闻达于诸侯，但过去学习的知识将弃之流水，况且刘备诚恳相请，不好拒之太甚，若一旦答应出山，势必奔波转战，动荡曲折，生死成败，难以预料。这可怎么办呢？"

没等诸葛亮讲完，黄阿丑插言说："依我之见，先生的顾虑实在不必。你满腹才学，远近驰名，被称为'卧龙'。卧龙如一辈子不出山，那这个龙还有何用处？你的学问、志向不就付之流水了吗？大丈夫难道能平平庸庸度过一生吗？你说出山危险，隐居安闲，也不过是一厢情愿罢了。古来隐居避世的能有几个真得安闲？大丈夫一生在世，我以为应建一番功业才对。"阿丑的一番话让诸葛亮感动万分。诸葛亮连连点头称是，心中更加敬慕这位见识不凡的女子，下决心娶她为妻。

诸葛亮终于答应刘备，做他的谋士。在此同时，也与黄阿丑成了亲。阿丑是一个聪明贤慧的妇女，她帮助诸葛亮料理着许多事务，传说木牛流马是她的发明。诸葛亮一生的功业，应该说还有阿丑夫人的许多功劳。

历史上的丑女

中国历史上有西施、貂蝉、贵妃、昭君四大美女。也有四大貌丑而德美、容陋而才佳的丑女，她们在历代文人笔下也时而出现。最出名的丑女当首推嫫母。汉王子渊《四子讲德论》中云："嫫母倭傀，善誉者不能掩其丑。"但她为人贤德。屈原《九章·惜往日》："妒佳冶之芬芳兮，嫫母姣而自好。"为此，黄帝娶她为妻。黄帝是中华民族的始祖，传说，黄帝败炎帝，杀蚩尤，皆因嫫母内助有功。